노동판례의 분석

노동판례의 분석

오문완 지음

노동판례의 분석

2008년 5월 7일 초판 인쇄
2008년 5월 16일 초판 발행

지은이 | 오문완
발행인 | 정정길
발행처 | UUP(울산대학교출판부)

출판등록 | 제 370-1996-000001호(1996.3.13)
홈페이지 | http://uup.ulsan.ac.kr
주소 | 680-749 울산광역시 남구 대학로 102(무거동) 울산대학교
전화 | (052) 259-2488
팩스 | (052) 277-3011
편집·표지 디자인 | 지미정·김수연

값 8,000원

ISBN 978-89-7868-095-0

* 이 책은 2006학년도 울산대학교 저서연구비를 지원 받아 출판되었습니다.

* 이 도서의 국립중앙도서관 출판시도서목록(CIP)은 e-CIP 홈페이지
(http://www.nl.go.kr/ecip)에서 이용하실 수 있습니다.
(CIP제어번호: CIP2008001318)

머리말

이 책은 그간 정리해낸 <노동단체법의 쟁점과 과제> <노동보호법의 쟁점과 과제>의 후속편으로 구상하였다. 노동법에 관한 이론을 정리한 후 그 실천의 측면에서 노동판례를 분석하는 작업이 의미가 있을 것으로 보았기 때문이다. 다만, 기왕 시중에 나와 있는 판례평석집과의 차별성이라는 측면에서 단순한 판례평석을 넘어선 좀더 이론적인 평석집을 내자는 생각 아래 작업을 하였다.

연구자의 본래의 의도는 노동판례 전반을 수집 분류 평석하는 것이었다. 그러나 이 작업은 연구자의 능력으로는 도저히 이룰 수 없는 꿈이라는 것을 깨닫는 데는 오랜 시간이 걸리지 않았다. 그래서 궤도를 수정, 찬찬히 하나하나씩 검토해 나가기로 마음을 먹게 되었다. 그 첫 작업이 이 책으로 엮이게 되었다. 노동판례 중 가장 기본적인 것을 담았다고 이해해 주시기 바란다.

이 책에서는 일곱 가지 부문, 열 개의 판결을 대상으로 판례이론을 검토하였다. 우선 노동법총론에 해당하는 것으로 노동법학의 대상인 근로자를 어떻게 볼 것인지, 그리고 비정규직이라고 불리우는 다양한 근로자 범주를 포섭하는 경우 균등처우 원칙을 어떻게 해석하여야 할 것인지를 다루었다. 노동보호법의 영역에서는 근로관계의 이전과 종료에 대해 검토하였는데, 전적과 사업양도에 관한 판결을 대상으로 삼았다. 또한 사직서 제출이나 계약기간의 만료 등 형식적으로는 근로관계가 종료되는 게 너무나 당연하지만 실제로도 과연 그러한지를 느끼게 하는 사례를 검토하였다. 노동단체법의 영역에서는 여전히 논란의 중심에 놓여 있는 복수노조 문제를 비롯해서 근로자 개개인의 자유가 중시되는 가운데 유니언 샵 협정은 우리 헌법 정신에 합치하는지 하는 문제를 다루었다. 또한 파업과 근로관계, 특히 파업 기간 중의 임금 삭감 문제를 검토하였다.

실무가가 아닌 사람의 글이 얼마나 영향력이 있는지는 잘 모른다. 그나마 노동실무를 하시는 분들이 현행법령에(그리고 그 도그마에) 매몰되지만 말고 좀더 크고 넓게 생각하는 단초를 열 수만 있다면 좋겠다. 또한 같이 노동법을 공부해가는 분들이 이 책을 읽고 꼬집어주고 바로잡아 주신다면 그 또한 즐거운 일이 아닐까 하는 상상을 해본다.

2008년 2월

오문완

목차

1. 근로자의 개념

사립대학 시간강사의 근로자성
대상판결 : 대법원 2007.3.29. 선고, 2005두13018 판결

I. 머리말

산업구조가 고도화하고 노동력구조가 변화함에 따라 점차 고용·취업형태가 다양화하고 파견근로자, 하도급근로자, 단시간근로자와 같은 비전형근로자가 늘어나게 된다. 이렇듯 비전형근로자가 증가하는 원인은 노동수요 측면에서는 극소전자화(ME화)와 서비스경제화의 진전에 따른 비전형근로에 대한 수요증가이다. 노동공급 측면으로는 여성화, 고령화, 고학력화 등으로 불리우는 노동력 구조의 변화이다. 이에 따라 고용기간의 일시성, 근무시간의 탄력성 등을 확보할 수 있는 비전형적 형태의 근무를 원하곤 한다. 또한 취업난과 구인난이 병존하는 인력수급의 불균형 현상의 대처방안으로 종합적 고용정책을 추진하는 정부의 노동정책도 영향을 미치고 있다.

그런데 이러한 '고용·취업형태의 다양화 현상'의 결과 종신고용제나 연공서열형 임금체계 등 통상적인 근로자를 기반으로 한 종래의 고용관행이 붕괴되는 것이 아닌가 하는 의문이 제기되기도 한다. 또한 이러한 현상은 이른바 정규근로자의 보호를 주로 염두에 두고 만들어진 현행 노동법제와 노동법학에 대해서도 새로운 문제를 제기하고 있다.

이와 같이 비전형근로자인 경우에는 (노동시간이 짧다거나 근로계약기간이 짧다는 등의) 정규근로자와는 다른 특성으로 인하여 그에 합당한 다른 대우를 받느냐 아니냐 하는 게 논의의 핵심이다. 그런데 산업의 발달로 인하여 고용형태가 더욱 다양화하는 가운데 이제는 그 근로자성조차 의심할 수밖에 없는 취업자들이 등장한다. 예를 들면 보험회사의 외무원, 전기·가스 점검원, 서적·자동차 판매원, 라디오·TV에 출연하는 연애인, 프로운동선수, 무용단의 무용수, 교향악단의 악단원과 같은 경우에는 고용형식, 직무내용, 근무형태, 보수지급방법 등이 일반 근로자의 경우와 현저히 다른 것이 보통이기 때문에 근로기준법상의 근로자인지의 여부가 문제되는 경우가 많다. 이미 골프장 캐디나 학습지교사를 비롯하여 상당수 특수고용형태의 취업자와 관련하여 법원에서 판단을 내리고 있기도 하다. 이러한 독립사업자 형태의 근로자 문제에 관해서는 근로자에게 일방적으로 불리한 계약을 맺은 상태에서 사용자 책임을 회피하는 기업들의 횡포로 노동법상의 제반 권리를 박탈당한 채 항상적인 계약해지 위협과 근로조건 악화에 시달리고 있다는 비난이 가해진다. 이에 대해 업계에서는 학습지교사의 경우를 예로 들어 반론을 제기한다. 대부분

학습지업체는 4년제 대졸 중심의 일반공채형식으로 채용한 정규직원(비정규 계약 근로자 포함)과 민법상 자유소득업자인 위탁사업자, 외부 파견사를 통해 업무를 대행케 하는 소수의 파견인력을 포함하여 탄력적이고 다양한 인력운용형태를 보이고 있다는 것이다. 학습지 교사의 특징을 고려해 볼 때, 학습지 교사는 위탁수행시간(출·퇴근), 업무수행 과정에서의 사용자의 구체적인 지휘감독, 보수의 노무 대가성, 회사의 제재(징계) 권한행사, 업무의 전속성, 업무의 성질과 내용 등 실질적 내용을 살펴볼 때 사용종속 관계가 인정되는 근로자로 볼 수 없으며, 민법상 위임에 관한 법리가 적용되어야 마땅하다고 한다.

이렇듯 첨예하게 이해가 엇갈리는 비전형근로의 문제에 대하여 우리는 과연 어떻게 접근하여야 할 것인가? 이 문제는 단순하게 비전형근로자를 어떻게 보호할 것인가 하는 문제로 국한되는 게 아니라 정규근로자와의 조화 문제, 취업준비계층과의 이해 조정 문제 등이 얽혀 있는 복잡다단한 것이라는 점을 염두에 두면서 접근하여야 한다. 그렇지 않으면 문제를 더 복잡하게 엮어 갈 위험도 있다. 이들의 경우 애당초 근로관계의 존부 내지 근로자성이 문제되고 있는 것은 이들이 노무를 공급하는 모습이 근로관계의 요소와 근로관계의 요소로 볼 수 없는 것들이 혼합되어 나타난다는 데서 비롯한다. 특히 각 산업 내지 직업분야의 직무수행의 특수성, 기업에서의 노무관리의 특성 등으로 근로관계의 모습이 다양하게 생성되고 있는데, 이러한 경우에 근로관계의 존부를 일률적으로 결정한다는 것은 그만큼 어려운 일이다.

이 글에서는 사립대학 시간강사의 근로자성을 인정한 최근 대법원판결을 소재로 하여 비전형근로자의 법률관계를 어떻게 파악할 것인지 생각해 보기로 한다.

II. 사건의 개요

사립대학교를 설립·운영하는 감리교신학원 등 54개 학교법인(원고)들은 근로복지공단(피고)에게 1999년도부터 2003년도까지의 산업재해보상보험료 및 임금채권부담금('산재보험료 등')을 신고·납부하면서 같은 기간 동안 원고들의 대학교에서 강의를 하고 있는 시간강사의 강사료는 근로자들의 임금총액에서 제외한 채 산재보험료 등을 신고·납부하였다.

이에 피고는 원고들이 운영하는 각 사립대학교에서 강의를 하고 있는 시간강사들이 산업재해보상보험법 및 근로기준법 소정의 근로자라는 이유로, 원고들에게 산재보험료 등과 가산금을 부과하는 처분을 하였다.

이에 원고들이 이 사건 처분은 부당하다는 이유로 서울행정법원에 소송을 제기하게 된 것이다. 원고들은 "원고들이 운영하는 대학교 시간강사들은 별도의 근로계약을 체결함이 없이 대학교 학과장의 추천을 거쳐 교무처장에 의하여 위촉되었다가 원칙적으로 위촉기간 만료와 동시에 해촉되고, 강의 업무의 수행 및 학사관리에 있어 대학교 측의 지휘·감독을 받지 않으며, 다른 대학교에서 임의로 강의할 수 있는 등 원고들의 대학교에 전속되어 있지 않고, 기본급이나 고정급이 없이 강의시간의 수에 비례한 강사료만을 지급받으며, 강의시간 및 강의장소에 관해서도 시간강사들이 대학교 측과 협의하여 결정하는 등 업무수행에 있어서 원고들과 사용종속관계에 있다고 할 수 없으므로 원고들의 근로자로 볼 수 없다."고 주장한다.

이에 대해 피고인 근로복지공단은 "대학교 시간강사들은 대학교 측이 지정한 학사일정에 따라 강의를 수행하고, 해당 강좌의 수강생들에 대한 학사관리 업무 등 학사행정 업무를 수행하며, 기본적으로 대학교 측이 결정한 강의과목·강의실 배정·시간표 편성 등에 따라 시간강사들의 업무내용·근무시간·근무장소가 결정되고, 강의수행의 대가로서 강의시간 수에 비례하는 강사료를 월 1회 정기적으로 지급 받으며, 각 대학교의 시간강사 위촉 및 관리규정의 적용을 받는다. 시간강사들이 강의수행에 있어서 자율적이라는 것은 강의라는 전문적·재량적 근로에서 파생되는 결과일 뿐이지 그것을 이유로 시간강사들의 근로자성을 부인할 수는 없으므로 시간강사들은 근로자라고 보아야 한다."고 반박한다.

III. 판결 요지

이러한 사안에 대해 1심(서울행정법원 2004. 11. 18. 선고 2003구합36642, 2004구합5126 판결)과 2심인 원심(서울고등법원 2005.9.15. 선고 2004누26750, 26767 판결), 그리고 대법원에서 한결같이 사립대학 시간강사는 근로자라고 보았는데, 그 근거는 다음과 같다.

(1) 근로기준법상의 근로자에 해당하는지 여부는 계약의 형식이 고용계약인지 도급계약인지보다 그 실질에 있어 근로자가 사업 또는 사업장에 임금을 목적으로 종속적인 관계에서 사용자에게 근로를 제공하였는지 여부에 따라 판단하여야 하고, 위에서 말하는 종속적인 관계가 있는지 여부는 업무 내용을 사용자가 정하고 취업규칙 또는 복무(인사)규정 등의 적용을 받으며 업무 수행 과정에서 사용자가 상당한 지휘·감독을 하는지, 사용자가 근무시간과 근무 장소를 지정하고 근로자가 이에 구속을 받는지, 노무제공자가 스스로 비품·원자재나 작업도구 등을 소유하거나 제3자를 고용하여 업무를 대행하게 하는 등 독립하여 자신의 계산으로 사업을 영위할 수 있는지, 노무제공을 통한 이윤의 창출과 손실의 초래 등 위험을 스스로 안고 있는지와, 보수의 성격이 근로 자체의 대상적(對償的) 성격인지, 기본급이나 고정급이 정하여졌는지 및 근로소득세의 원천징수 여부 등 보수에 관한 사항, 근로 제공 관계의 계속성과 사용자에 대한 전속성의 유무와 그 정도, 사회보장제도에 관한 법령에서 근로자로서 지위를 인정받는지 등의 경제적·사회적 여러 조건을 종합하여 판단하여야 한다.

(2) 다만, 기본급이나 고정급이 정하여졌는지, 근로소득세를 원천징수하였는지, 사회보장제도에 관하여 근로자로 인정받는지 등의 사정은 사용자가 경제적으로 우월한 지위를 이용하여 임의로 정할 여지가 크다는 점에서, 그러한 점들이 인정되지 않는다는 것만으로 근로자성을 쉽게 부정하여서는 안 된다(대법원 2007.

1. 25. 선고 2005두8436 판결, 대법원 2006. 12. 7. 선고 2004다29736 판결, 대법원 2003. 11. 28. 선고 2003두9336 판결 등 참조).

(3) 원고들이 운영하는 각 대학교('이 사건 각 대학교')에서 강의를 담당한 시간강사들은 학교 측에서 시간강사들의 위촉·재위촉과 해촉 또는 해임, 강의시간 및 강사료, 시간강사의 권리와 의무 등에 관하여 정한 규정('시간강사 위촉 및 관리규정', '촉탁강사 위촉규정' 등)에 따라 총장 등에 의하여 시간강사로 위촉되어 대학교측이 지정한 강의실에서 지정된 강의시간표에 따라 대학교측이 개설한 교과목의 강의를 담당한 점, 대학교 측의 학사관리에 관한 규정 및 학사일정에 따라 강의계획서를 제출하고 강의에 수반되는 수강생들의 출·결석 관리, 과제물 부과와 평가, 시험문제의 출제, 시험감독, 채점 및 평가 등 학사관리업무를 수행한 점, 위와 같은 업무수행의 대가로 시간당 일정액에 실제 강의시간 수를 곱한 금액(강사료)을 보수로 지급받은 점, 시간강사가 제3자를 고용하여 위와 같은 업무를 수행하는 것은 규정상 또는 사실상 불가능한 점, 시간강사가 위와 같은 업무를 수행하면서 업무수행에 불성실하거나 대학교의 제반 규정을 위반하고 교수로서의 품위를 유지하지 못하는 경우 등에는 전임교원(총장, 학장, 교수, 부교수, 조교수 및 전임강사)에 대한 재임용제한 및 해임 또는 파면 등 징계처분과 동일한 의미를 갖는 조치인 재위촉제한 또는 해촉(해임)을 받도록 되어 있는 점 등을 종합하여 보면, 이 사건 각 대학교의 시간강사들은 임금을 목적으로 종속적인 관계에서 원고들에게 근로를 제공한 근로자에 해당한다고 봄이 상당하다.

(4) 이 사건 각 대학교의 시간강사들이 전임교원들과 같은 정해진 기본급이나 고정급을 지급받지 아니하고 근로제공관계가 단속적인 경우가 일반적이며 특정 사용자에게 전속되어 있지도 않을 뿐만 아니라 원고들로부터 근로소득세를 원천징수당하지 아니하는 등의 사정이 있다 하더라도, 이러한 사정들은 최근에 급격하게 증가하고 있는 시간제 근로자에게 일반적으로 나타나는 현상으로 볼 수 있는데다가 사용자인 원고들이 경제적으로 우월한 지위에서 사실상 임의로 정할 수 있는 사정들에 불과하다.

(5) 또한 시간강사들이 원고들로부터 강의내용이나 방법 등에 관한 구체적인 지휘·감독을 받지 않는 것은 지적 활동으로 이루어지는 강의업무의 특성에 기인하는 것일 뿐 그들이 근로자가 아니었기 때문이라고 할 수도 없다. 따라서 위와 같은 사정들만으로는 이 사건 각 대학교의 시간강사들의 근로자성을 부정할 수 없다.

(6) 특히 1심에서는 도급이나 위임과는 구별되는 고용의 특성을 찾고자 노력한다. 즉, "대학교와 시간강사들 사이의 노무제공관계를 그 성격상 근로관계와 구별되는 도급관계나 위임관계로 볼 여지도 있으나, 도급관계는 '일의 완성'을 직접적인 목적으로 하는 데 반하여 시간강사의 노무제공은 '일의 완성'이 아니라 '강의라는 형태의 정신적 근로를 일정한 시간 제공하는 것' 자체를 목적으로 하고, 시간강사의 정신적 근로를 제공받음으로써 대학교가 추구하는 '학생의 교육'을 완성하는 것은 대학교 나아

가 대학교를 설립·운영하는 학교법인의 권한에 속하는 것이라고 해석하여야 한다. 또한 위임관계는 소송사건의 해결이나 병의 치료, 재산의 관리, 부동산의 매매 등과 같은 일정한 '사무의 처리'를 목적으로 하는 것으로 위임자와 수임자 사이의 신뢰관계를 기초로 하는 데 반하여, 시간강사는 이러한 신뢰관계나 특정한 사무의 처리를 목적으로 함이 없이 강의라는 정신적 노무를 제공하고 그 대가로 강사료를 지급 받을 뿐이라는 점에서 서로 다르다고 보아야 할 것"이라고 한다.

(7) 따라서 이 사건 각 대학교의 시간강사들이 근로기준법에서 정한 근로자임을 전제로 원고들에게 이 산업재해보상보험료 등과 가산금을 부과한 피고의 이 사건 처분이 적법하다고 판단한 원심의 조치는 정당하고, 상고이유에서 주장하는 바와 같은 근로기준법상의 근로자에 관한 법리를 오해하는 등의 위법이 없다.

Ⅳ. 평석

이 사건은 산재보험료를 내야하는지의 문제로 불거졌지만, 노동법 전반의 보호대상이 되기 위해서는 일단 근로자 신분이라는 게 전제가 된다. 그런데 기실 어떠한 사람을 근로자로 부르는지에 대해서 추상적인 합의는 이루어지고 있지만, 개별 사례에서 구체적으로 판단한다는 게 쉬운 일은 아니다. 따라서 먼저 근로자란 어떠한 사람을 뜻하는지가 규명되어야 한다.

대상 판결은 사안의 검토 결과 사립학교 시간강사들은 근로자라고 파악하고 있다. 법원의 해석 태도에 전적으로 찬동한다. 다만, 근로자성을 도출하는 논리구조에 문제는 없는지 검토할 필요가 있다.

1. 근로자의 개념 표지

실정법에서 근로자에 관한 정의규정을 두는 경우로는 근로기준법이 대표적인데, 동법 제2조 1호는 "직업의 종류와 관계없이 임금을 목적으로 사업이나 사업장에 근로를 제공하는 자"를 근로자라고 파악한다. 한편 노동조합 및 노동관계조정법 제2조 1호는 "직업의 종류를 불문하고 임금, 급료 기타 이에 준하는 수입에 의하여 생활하는 자"를 근로자로 본다. 근로자직업훈련촉진법 제2조 3호에서는 "사업주에 고용된 자와 취업할 의사를 가진 자"가 근로자이다. 이와 같이 근로자 개념이 통일되지 않고 법마다 차이가 나는데 그것은 그 법의 목적에 따라 규율대상을 달리하기 때문이다. 가장 논란이 되고 있는 근로기준법과 노조법상의 근로자 개념에 대해 생각해보자. 학설은 노조법상 근로자의 개념은 근로기준법상 근로자의 개념보다 넓은 것으로 이해하여 노조법상 근로자에는 현실적으로 취업하고 있는 자뿐만 아니라 '실업자'도 포함되는 것으로 해석하는 것이 일반적 견해이다. 그 이유는 근로기준법과 노조법의 입법 목적에 차이가 있기 때문인데 즉, 근로기준법은 최저 근로조건기준의 강제를 목적으로 하는 만큼 현실적으로 사용종속관계에 있는 자만을 대상으로 함에 비하여, 노조법은 노동3권의 보장을 목적으로 하기 때문에 그 대상을 현실적 취업자에 한정할 이유가 없기 때문이라는 것이다.1)

그러나 입법의 목적에 비추어 조금씩 차이를 보이기는 하면서도 노동관련 입법에서 공통으로 생각하는 근로자상을 찾아볼 수는 있다. 그것은 노동법에서 말하는 근로자는 사용자에게 노동력을 제공하고 그 대가인 임금을 받아 생활하는 자를 상정하고 있다는 것이다. 그리고 그 속성은 종속노동으로 나타난다. 최근 전통적인 노동법학에 대한 문제가 제기되고 있기는 하지만, 종래 노동법의 문제의식 또는 노동법의 대상은 소위 '종속노동'에 한정된다. 노동의 종속성에 관해서는 여러 가지 견해가 있지만 오늘날 학설이나 판례에서는 사용종속관계를 판단하는 기준을 인격적 종속성과 경제적 종속성에서 찾는 게 보통이다. 인격적 종속성이란 "근로자가 인적노무급부, 즉 근로자의 신체 및 인격과 분리할 수 없는 노무의 급부를 해야 할 의무를 지기 때문에 생산과정에서 사용자의 지배 아래 놓이게 되는 것", 즉 노무의 타인결정성을 뜻한다. 경제적 종속성이란 "근로자가 노동력 이외에는 계약의 목적물을 가지고 있지 않기 때문에 그의 노동력을 생산수단의 소유자에게 팔지 않으면 생활할 수 없는 경제적 지위"로 인하여 사용자의 지배 아래 놓이는 것을 말한다.

그러면 왜 노동은 종속적이어야 하는가? 그것은 남의 밑에서 일한다고 할 때 그 '일', '노동'이 그러한 특징을 지니고 있기

1) 김형배, 노동법(신판 제2판), 박영사, 2006, 52-53쪽.

때문이다. 노동의 특성(다른 상품과는 다른 노동력이라는 상품)은 크게 두 가지를 들 수 있다. 하나는 노동인격이라는 표현에서 보듯이 인격과의 불가분리성이라는 커다란 특징이고, 다른 하나는 노동력은 저장되지 않는다고 하는 (숙명이라고 할만한) 특성이다. 특히 두번째 특성과 관련하여 각종 노동문제는 시작된다고 볼 수 있다. 그리고 불평등이라고 하는 문제가 그 이면에 가로놓여 있다. 구체적인 인간(Mensch; mankind)으로서의 근로자는 자본재를 소유하지 못하고 있다는 데서 문제가 시작된다. 노동운동 또는 노동법이 탄생하는 배경과 관련하여 산업혁명기의 영국근로자계급의 상태를 생각해보자.

> 자본주의 초기의 근로자계급의 상태에 관해서는 예컨대 엥겔스의 「영국 근로자계급의 상태」에 잘 묘사돼 있다. 당시에는 16-18시간노동이 일반적이었고, 6-8세 아동까지 14-16시간 일하고 있었다. 부인근로자는 분만시간에 이르기까지 공장에서 일하고 분만후 3-4일 후에는 다시 공장에 나와 전과 같이 일했다. 그리고 근로자가 사는 거리는 불결하고 황폐하며, 질병, 빈곤, 타락으로 가득차 있다. 자녀를 둔 여성근로자는 모유를 줄 시간이 없어 자녀에게 마약을 준 후 일하러 나온다고도 한다. 근로자계급의 이러한 상태는 영국에 한정된 게 아니고 미국에도, 독일에도, 프랑스에도 그리고 일본에도 마찬가지였다. 19세기 프랑스근로자의 상태에 관해 연구한 블랑빵(Blanpain)이 지적한 바대로 당시의 근로자들에게 산다는 것은 단지 죽지 않는다고 하는 것일 뿐이었다.[2)]

2) 外尾健一, 勞動法入門, 有斐閣, 1987, 7-8쪽.

이러한 질곡에서 근로자들을 벗어나게 해주어야 근로자의 생존은 물론 국가의 장래가 보장된다. 민법의 고용계약이 있는데도 불구하고 굳이 노동법이라는 것을 구상하여 사법상의 계약질서에 수정을 가한 것은 다 그러한 이치 때문이다. 사회법의 하나로서 노동법의 존재를 시인케 된 것은 근대법의 인간상과 현대법의 인간의 모습이 다르다는 데서 출발한다. 라드브르흐는 이를 '시민법에서 사회법으로'라고 표현하는데, 한 마디로 근대시민법은 추상적 인격체(Person)를, 사회법(현대법)은 구체적 인간(계급인; Mensch)을 인식의 대상으로 하는 출발의 차이점을 드러내고 있다.[3] 쉽게 이해하자면 근대시민법은 권위와 재산, 명예를 갖춘 사람 사이의 법률관계를 규율하는데 반해, 사회법은 우리 주변에서 쉽게 마주치는 탐욕스럽고 돈과 권력이 있는 사람과 없는 사람이 섞여 있는 사람의 집합체를 떠올리면 된다. 앞의 집단에서는 계약의 자유가 가능하지만, 뒤의 집단에서는 계약의 자유는 불평등의 온존을 뜻하는 것이다.[4] 다만, 최근에는 경제적 종속성보다는 인격적 종속성을 종속노동의 본질적 지표로 이해하는 게 보통이다. 따라서 법문에는 나타나 있지 않으나 근로자는 타인이 결정하는 노무를 제공하는 자라고 이해하는 게 합당하다.

주의할 것은 근로자성의 판단은 하나의 그룹으로 유형화하여 판단할 것이 아니라 개개의 사안을 검토하여 판단하여야 한다는 점이다. 예컨대 '학습지 교사는 근로자', '보험외무사원은 비근로

3) 구스타브 라드브루흐(손지열/황우려 역), 법에 있어서의 인간, 육법사, 1981.
4) 김유미(외), 현대법의 이해, 울산대학교 출판부, 2000, 56-57쪽.

자' 하는 식의 직업군에 따른 근로자성 인정은 곤란하다는 것이다. 오히려 근로자성이 인정되는 직업군에서도 개별사례에 따라 전체적 상황을 종합적으로 고려하면 근로자성이 부인되는 학습지 교사도 있을 수 있고, 근로자성이 인정되는 학습지 교사도 있을 수 있다. 또한 보험회사의 외근원도 직업형식에 따라 근로자성이 판단되는 것이 아니라, 어느 외근원은 회사와 고용계약을 체결하고 보험모집인을 지원하기 위해서 외근하는 경우도 있을 수 있고 따라서 근로자성이 인정될 여지가 있는 반면에, 어느 외근원은 전형적인 자영인으로서 기능하는 경우도 있을 수 있다.

2. 구체적인 판단의 기준

그런데 이렇듯 사용종속관계를 근로자성 판단의 지표로 삼는다고 하여도 그 지표는 과연 어떠한 모습으로 구체화하느냐 하는 문제가 남는다. 개별 사안이 법적 쟁점이 되었을 때 명칭이 문제가 아니라 그 실체가 문제가 된다고 볼 때(예컨대 학습지교사라고 하여도 계약서대로 실제도 위임계약인 경우도 있겠지만 계약과는 달리 실제로는 근로계약인 경우도 있을 수 있다) 사안 사안마다 법적 평가는 달라질 수밖에 없고, 노동법학은 그 구체적인 기준에 관하여 모든 것은 아니라도 상당 부분에 대하여 답을 주어야 하기 때문이다.

이와 관련하여 행정해석은 근로기준법상 근로자라 함은 사용자와의 사용종속관계하에서 임금을 목적으로 노동을 제공하는 자를 말하며, 여기에서 사용종속관계에 해당하는지 여부는 아래와 같은 기준에 따라 판단할 수 있다고 한다. 즉, ① 업무의 내용이 사용자에 의하여 정하여지고 업무의 수행과정도 구체적으로 지휘감독을 받는지 여부, ② 근로자가 업무를 수행함에 있어서 사용자로부터 정상적인 업무수행명령과 지휘감독에 대하여 거부할 수 있는지 여부, ③ 시업과 종업시각이 정하여지거나 사용자의 구속을 받는 노동시간이 구체적으로 정하여져 있는지 여부, ④ 지급받는 금품이 업무처리의 수수료 성격이 아닌 순수한 노동의 대가인지 여부, ⑤ 복무위반에 대하여 징계 등 제재를 받는지 여부 등이다.5)

법원 역시 일정한 공식을 정립하고 있다. 그 대표적인 예가 대법원 1994.12.9. 선고, 94다22859 판결('1994년 공식')이다. 법원은 "근로기준법상의 근로자에 해당하는지 여부를 판단함에 있어서는 그 계약의 형식이 민법상의 고용계약인지 또는 도급계약인지에 관계없이 그 실질에 있어 근로자가 사업 또는 사업장에 임금을 목적으로 종속적인 관계에서 사용자에게 노동을 제공하였는지 여부에 따라 판단하여야 할 것이고, 위에서 말하는 종속적인 관계가 있는지 여부를 판단함에 있어서는, 업무의 내용이 사용자에 의하여 정하여지고 취업규칙 또는 복무(인사)규정 등의 적용을 받으며 업무수행과정에 있어서도 사용자로부터 구체적, 개별적인 지휘·감독을 받는지 여부, 사용자에 의하여 근무시간과 근무장소가 지정되고 이에 구속을 받는지 여부, 근로자 스스로가 제3자를 고용하여 업무를 대행케 하는 등 업무의 대체성

5) 1988년의 업무지침(1988.4.25., 근기 01254-6463)이 그 대표적인 예이다.

유무, 비품, 원자재나 작업도구 등의 소유관계, 보수의 성격이 노동 자체의 대상적 성격이 있는지 여부와 기본급이나 고정급이 정하여져 있는지 여부 및 노동소득세의 원천징수 여부 등 보수에 관한 사항, 노동제공관계의 계속성과 사용자에의 전속성의 유무와 정도, 사회보장제도에 관한 법령 등 다른 법령에 의하여 근로자로서의 지위를 인정받는지 여부, 양 당사자의 경제·사회적 조건 등을 종합적으로 고려하여 판단하여야 할 것이다."라고 판시한다. 기실 이러한 견해는 뉘앙스의 차이는 있지만 이 판결 전후를 통하여 일관성을 보이고 있다고 평가된다(대법원 1972. 3. 28. 선고, 72도334 판결; 대법원 1978. 7. 25. 선고, 78다510 판결; 대법원 1987. 5. 26. 선고, 87도604 판결; 대법원 1992. 4. 14. 선고, 91다45653 판결; 대법원 1996.7.30. 선고, 96도732 판결; 대법원 2000.1.28. 선고, 98두9219 판결 등).

이러한 판례의 태도를 정리하자면 판례는 사용종속관계의 존재 여부에 따라 근로자성을 판단하기로 하고(종속성에 의한 판단), 사용종속관계의 존재 여부는 계약의 형식이나 명칭이 아니라 노무공급관계의 실질에 따라 판단하며(실질적 판단), 노무공급관계의 실질은 이를 둘러싼 제반요소를 종합적으로 고려하여 판단한다(종합적 고려)는 태도라고 이해한다. 이러한 공식이 종래의 판례·학설과 다른 점은 종합적 고려의 대상이 되는 제반요소를 정형화 내지 유형화하였다는 데 있다. 제반요소는 크게 분류하여 지휘명령의 존재여부를 판단하는 요소(지휘명령성의 요소), 보수의 성격과 구성에 관한 요소(임금성의 요소) 및 기타의 요소로 나뉜다. 지휘명령의 요소로 분류되는 것은 ① 근로자가 담당하는 업무의 내용이 사용자에 의하여 정하여지는가, ② 취업규칙·복무규정·

인사규정 등의 적용을 받는가, ③ 업무수행과정에 있어서도 근로자가 사용자로부터 구체적이고 직접적인 지휘·감독을 받는가, ④ 사용자에 의하여 근무시간과 근무장소가 지정되고 이에 구속을 받는가, ⑤ 근로자 스스로가 제3자를 고용하여 업무를 대행케 하는 등 업무의 대체성이 있는가 등이고, 임금성의 요소로는 ① 보수가 노동 자체의 대상적 성격을 갖고 있는가, ② 기본급이나 고정급이 정하여져 있는가, 기타의 요소로는 ① 비품·원자재·작업도구 등의 소유관계, ② 노동제공관계의 계속성과 전속성의 유무와 정도, ③ 노동소득세의 공제여부나 사회보장제도에 관한 법령 등 다른 법령 등에 의하여 근로자의 지위를 인정받는지 여부, ④ 당사자의 경제·사회적 여건 등이 이에 속한다고 분석된다.[6]

3. 근로자 개념에 대한 혼란?

이러한 기본적인 시각에 따라 법원은 캐디의 근로기준법상의 지위가 문제가 된 사안(대법원 1996.7.30. 선고, 96도732 판결)에서 그 근로자성을 부인한다. 그런데 꼭같이 캐디의 근로자성이 문제가 된 다른 사안(대법원 1993.5.25. 선고, 90누1731 판결)에서는 캐디를 근로자로 인정하고 있다(다만, 이 판결은 노조법상의 근로자 여부에 관한 것이다). 이러한 차이를 보고 판례는 근로기준법상의 근로자와 노조법상의 근로자를 달리 이해하고 있다고 판단하기도 하나[7]

---

6) 강성태, “특수고용관계와 근로기준법상 노동자성의 판단”, 노동법학, 제11호, 2000.

그 차이는 정도(범위)의 차이이지 본질(노동의 종속성)의 차이는 아니라고 이해하여야 한다.[8] 그것은 이 판결의 이유를 살펴보면 확인할 수 있는 바이다.[9]

이 판결과 관련하여 근래에 들어 사용종속관계라는 전통적인 기준으로는 근로자성 여부를 결정하기 어려운 다양한 노무공급형태가 계속 증가하고 있고, 이러한 고용형태의 다양화 및 비전형적 근로관계의 등장을 감안할 때 '기타 이에 준하는 수입'의 의미를 보다 적극적으로 활용함으로써 근로자성 판단에서의 탄력성을 도모하는 것이 타당하다고 하거나[10] '기타 이에 준하는 수입'의 의미를 살려 근로기준법상의 근로자와 유사한 정도로 단결권 등의 보호가 필요한 노무공급자도 포함하는 것으로 해석하여야 할 것[11]이라는 견해도 제시된다. 그러나 예전에 구체적

7) 김소영, "특수고용관계에 있는 여성근로자 보호를 위한 개선방안", 한국여성단체연합 긴급토론회 자료집 「특수고용형태 여성노동자, 어떻게 보호할 것인가」, 2000, 33-35쪽.

8) 임종률교수는 이를 협의의 근로자와 광의의 근로자 개념으로 설명한다(임종률, 노동법 제6판, 박영사, 2006, 24-28쪽).

9) 즉 캐디의 노조법상의 근로자성을 인정한 1993년 대법원판결도 "노조법상 근로자란 타인과의 사용종속관계 하에서 노무에 종사하고 그 대가로 임금 등을 받아 생활하는 자를 말한다고 할 것이고, 타인과 사용종속관계가 있는 한 당해 노무공급계약의 형태가 고용, 도급, 위임, 무명계약 등 어느 형태이든 상관없다고 보아야 할 것이며, 그 사용종속관계는 사용자와 노무제공자 사이에 지휘 감독관계의 여부, 보수의 노무대가성 여부, 노무의 성질과 내용 등 그 노무의 실질관계에 의하여 결정된다 할 것이고, 그 사용종속관계가 인정되는 한 노동조합법상의 근로자로 보아도 무방할 것"이라는 논리에 따라 이 사건 사실관계를 검토해본 결과 골프장 캐디도 (이 사건에서는) 근로자라는 결론에 도달하였다는 것이다.

10) 김유성, 노동법Ⅱ(전정증보판), 법문사, 1999, 55쪽.

으로 해석하지 않고 있던 법률문구를 구체화하고 있다는 점에서 이 판결에 대해 평가를 하는 부분에 대해서는 찬동하지만 그렇다고 하여 법원의 태도가 더 나아가 새로운 근로관계 유형까지 창설(혹은 확인)한 것으로 이해하기는 어렵지 않을까 생각된다.

기실 이 문제는 근로기준법상의 근로자 개념과 관련하여 이미 문제된 바 있다. '시청료징수원'의 근로기준법상 근로자 해당 여부가 문제로 된 KBS 시청료징수원 사건(대법원 1993. 2. 9. 선고, 91다21381 판결)이 그러한데, 법원은 "기본급이나 고정급이 없이 징수한 시청료에 대한 일정 비율의 금액만을 수수료 명목으로 지급받아 왔다 하더라도 그것이 전체 근로에 대한 대가로서 지급된 것임이 명백한 이상 임금으로서의 성격(일종의 성과급 또는 능률급)이 부정되어지는 것은 아니라 할 것"이라고 판시한 바 있다. 전기회사 수금원이 회사에 수금업무에 종사하는 자체에 중점이 있다기보다 수금의 실적, 곧 일의 완성된 결과 자체에 오히려 중점이 있다 하겠고, 또한 그 수금방법이나 과정에 있어서도 수금원의 재량이나 독립성이 저해될만한 회사로부터의 지휘감독을 받지 않는다면 회사에 대하여 종속관계가 있다고 말할 수 없다고 하여 노조법상의 노동조합을 조직할 수 있는 근로자가 아니라고 본 사안(대법원 1970.7.21. 선고, 69누152 판결)도 같은 취지를 말하고 있다고 생각된다.

결국 근로기준법 제18조가 말하는 '기타 어떠한 명칭으로든지 지급하는 일체의 금품'이나 노조법 제2조 1호의 '기타 이에 준하는 수입'은 전혀 다른 의미로 이해할 바는 아니라고 생각된다.

---

11) 김소영, 앞의 글(2000), 32쪽.

그러한 금품이나 수입을 얻는 자는 근로기준법상의 근로자로 보호받는 것이고, 노조법상은 사용자의 일방적 결정이 아닌 참여(단체교섭)를 통한 결정을 통해 불리한 상태에서 벗어날 수 있는 길을 열어주고 있는 것이다. 따라서 사용종속관계의 존부를 근로자성 인정의 기준으로 삼고 있는 판례의 태도는 변함이 없다고 이해하는 게 적절한 해석이다.

평석 대상 판결 역시 이러한 1994년 공식에 충실한 것으로 보인다. 다만, ① 기본급이나 고정급이 정하여졌는지, ② 근로소득세를 원천징수하였는지, ③ 사회보장제도에 관하여 근로자로 인정받는지 등의 사정은 사용자가 경제적으로 우월한 지위를 이용하여 임의로 정할 여지가 크다는 점에서, 그러한 점들이 인정되지 않는다는 것만으로 근로자성을 쉽게 부정하여서는 안 된다는 최근 판례를 반영하고 있어 1994년 공식과 차별성은 보이고 있다.

4. 근로자 개념의 재정립(私見)

이제 검토를 요하는 것은 과연 판례가 취하고 있는 근로자의 개념 표지가 적절한지 하는 문제가 된다. 이와 관련해서는 크게 두 방면에서의 비판이 제기된다. 먼저 현재의 노동법학의 방법론 자체에 대해 비판을 하면서 당사자가 체결한 계약을 중심으로 근로자성을 판단하여야 한다는 주장이 있다.[12] 당사자가 체결한 계약을 중시하여 근로자성을 판별하고 계약의 이행과정에

---

12) 강희원/김영문, 노동자개념과 계약의 자유: 자영인과 노동자의 구별을 중심으로, 중앙경제사, 2001, 325-7쪽.

서 다른 요소가 발견된다면 권리남용금지의 이론 등을 활용하여 문제점을 시정하자는 것이다. 기본적으로 이 주장은 당사자의 의사를 중시하자는 측면에서 충분히 존중하여야 한다. 그러나 현재의 판례나 학설 역시 당사자의 의사를 무시하자는 것이 아닌 다음에야 이 견해와 다를 바가 없다. 문제는 계약의 외형과 그 실제가 다르다는 데 있고, 그 실제를 충실히 반영한 결론을 내려야 한다는 데서 차이를 보인다. 그렇다면 계약 중시의 주장은 기본적으로 노동법의 태동을 비롯하여 이 법 영역의 전개과정이 기존의 시민법에 맡겨두어서는 근로자의 생존을 위태롭게 하고 더 나아가 국가의 존립에 해를 끼친다는 전제를 밑바탕에 깔고 있다는 것을 몰각하고 있는 견해라고 여겨진다. 따라서 이러한 주장은 노동법의 전면적 폐기와 함께 주장되어야 하지 않을까 생각된다.

다음으로는 현재와 같은 사용종속성 기준은 적절치 못하고 미국법에서와 같은 경제적 실체기준 혹은 독일법의 경제적 종속과 사회적 보호의 필요성이라는 측면에서의 근로자와의 유사성을 기준으로 삼아야 한다는 주장이다.13) 그러나 이에 대해서는 미국의 경우 최근 미국 연방대법원이 근로자퇴직소득보장법(ERISA)을 해석하면서 다시 관리·통제권한 기준을 채택하고 있다는 점14), 독일의 경우는 유사근로자에 대해 별도의 보호를 하자는

13) 이철수, "특수고용관계에 관한 입법론적 고찰", 이화여자대학교 법학논집 별책, 6권 1호, 2001.

14) 미국은 전통적으로 사용자에게 노동제공의 결과를 관리·통제할 수 있는 권한이 주어질 때 노동을 제공한 자는 근로자라고 보는 관리·통제권한 기준(right of control test)을 채택하다가 피용자가 고용주에게 경

것이지 일반 근로자와 같은 보호를 하자는 게 아니라는 점[15]에서 전거로 삼을 수 없다 하겠다. 그리고 논리적으로도 사회적 보호의 필요성이 있다고 하여 근로자의 범주에 포섭시킨다는 것은 역시 이해하기 어렵다.

그렇다면 해결책은 현재의 판례법리의 장점은 살리고 단점은 보완하는 데서 찾는 게 적절할 듯하다. 판례는 두루뭉실하게 근로자성을 판별하는 요소를 나열하고 있는데 그 요건 모두를 갖추어야 하는지 아니면 일부 요건은 법률효과에 영향을 미치지 않는지에 대한 언급이 없다. 마치 결론을 미리 정해 놓고 그 결론에 이론을 짜 맞추고 있다는 느낌을 강하게 준다. 따라서 우리는 우선 판례가 근로자인지를 판가름하는 기준으로 제시하는 요소들을 재구성하여 근로자성의 기본 요소를 추려내고 이를 보완하는 요소로 나누는 작업부터 시작하여야 한다. 근로자는 사용자에게 종속노동을 제공하고 그 대가인 임금을 받아 생활하는 사람을 말한다, 그렇다면 근로관계의 본질적 징표는 사용자의 지시권과 근로자의 임금청구권의 견련성에 있다는 데 착안할 필요가 있다. 앞에서 제시한 판례의 논리구조상으로는 지휘명령성의 요소와 임금성의 요소는 없어서는 안될 법률요건으로 그리고 기타의 요소는 그 요건을 보완하는 기능을 하는 것으로 이해할 수 있겠다.

제적으로 종속되면 근로자의 범위에 포함된다는 경제현실기준(economic realities test)으로 가는 추이를 보이다가 최근 다시 관리·통제권한 기준으로 회귀하고 있다고 한다(이상윤, "미국의 비정형노동자의 법적 지위", 한국경영자총협회, 비정규직에 대한 비교법적 검토, 2001).

15) 독일은 이들을 오히려 독립자영인으로 보고 법적 보호를 한다는 것이다(강희원/김영문, 앞의 책, 368-371쪽).

그 다음에 하여야 할 작업은 판례가 제시하는 개별 요건은 과연 적절한가를 판별하는 일이다. 먼저 지휘명령성과 관련해서는 사용자의 업무지시에 따라 근로자가 일을 하여야 하고 그 지시를 어겼을 때는 징계의 대상이 된다는 게 핵심적인 요소가 되겠다. 즉 노무공급관계의 성립과 종료의 주도권을 누가 쥐는가 하는 문제이다. 따라서 지휘명령의 첫째 요소 '근로자가 담당하는 업무의 내용이 사용자에 의하여 정하여지는가'는 중요한 관건이 된다고 본다. 다음으로 '취업규칙·복무규정·인사규정 등의 적용을 받는가' 여부가 근로자성 판단의 준거가 될지는 의문이다. 모든 사회는 그 질서의 유지를 위하여 사회규범을 갖추기 마련이고 사회구성원은 그 규범에 따라야 한다. 그것은 그 사회에 편입하게 된 이유가 노동(고용)에 있든 위임이나 도급 때문이든 마찬가지이다. 판례에서 굳이 이러한 기준을 제시한 이유는 사용자의 업무지시에 따르지 않을 때 제재가 가능한지 여부를 보려고 한 게 아닌가 여겨지고, 그렇다면 이 기준은 그러한 취지를 반영하여 다시 정하여야 한다. 세 번째로 '업무수행과정에 있어서도 근로자가 사용자로부터 구체적이고 직접적인 지휘·감독을 받는가' 하는 요소도 문제이다. 이러한 요청은 전통적인 조립라인에서 일하는 생산직 근로자의 경우에는 여전히 타당하다고 하겠다. 그러나 노동의 모습이 다양화하고 있고 점차 더욱 다양해질 게 당연히 예견되는 현 시점에서 '구체적이고 직접적인' 지휘·감독을 받는지 여부가 근로자성의 개념 표지가 되기에는 적절치 못하다는 것이다. 대다수의 사무직근로자 역시 그러하겠지만, 외근사원이나 출장중인 근로자를 누가 구체적이고 직접적으로 지휘·감독할 수 있겠는가. 그렇다고 해서 사용자의 지휘감독을 받지 않고 일하는 경우까지 근로자로 보는 것은 역시 무리이다. 따라서 적절한 지휘감독이라는 요소를 반영하면 적절할 듯하다. 네 번째로 '사용자에 의하여 근무시간과 근무장소가 지정되고 이에 구속을 받는가' 하는 요소는 세 번째 요소와 중복되기는 하지만 그 중요성에 비추어 독립요소로 볼 수도 있겠다. 다섯 번째로 '근로자 스스로가 제3자를 고용하여 업무를 대행케 하는 등 업무의 대체성이 있는가' 하는 기준인데, 이 문제는 최근 성행하는 소사장제의 폐해 등을 감안할 때 쉽사리 단정짓기는 어렵다. 업무의 도급이나 위임이 아니라 사용자의 지휘감독 아래 일을 시키는 고용의 성격을 감안할 때 하나의 판단기준으로 볼 수도 있겠다. 그리고 노무공급자가 노무공급을 하는 데 제3의 노동력을 이용한다면 그것은 노무공급자 자신의 사업으로서의 성격이 강하게 되고 근로자성은 약하다고 보아야 한다. 그런데 그 이용된 제3의 노동력이 독립된 가치를 지니는 게 아니라 단순히 보조적인 것에 그치거나 실제로는 사용자에 의해서 활용되고 있다고 판단되는 경우, 즉 노무공급자가 사용자의 대리인 성격을 띠는 경우에는 그와 같이 보기도 어렵다.[16] 따라서 이 판단요소 역시 독자적인 기준으로 인정하기 보다는 근로자성을 약화시키는 요인으로 보는 게 적절할 듯하다.

그리고 임금성의 요소로는 '보수가 노동 자체의 대상적 성격을 갖고 있는가'가 제시된다. 이에 대해서는 보수의 노동 자체의 대상성 역시 근로자성 판단의 결정적인 기준이 되지 못한다는 견해[17]가 있으나 그렇게 보기는 어렵다. 경제적 종속성이 부차

16) 강성태, 앞의 논문, 49-51쪽.

적인 요소이기는 하지만 노동문제를 생각하게 한 근원이 된다는 점, 무상위임이라는 관념은 성립이 가능하나 무상노동이라는 것은 현행법질서와 어울리지 않는다고 볼 때 대가 없는 노동이라는 것은 상정하기 어렵다고 본다. 이 때 임금이란 사용자가 제공하는 금전적인 이득만을 말하는 것은 아니고 시설의 이용 등 경제적인 가치가 있다면 모두 포함되는 것은 임금 일반론에서 다루는 바와 같다. 다만, 이와 관련하여 보수액의 수준 등 실질적 측면에서 접근할 필요가 있다는 지적이 주목된다. 특히 특수고용관계와 같이 보수가 성과급제 내지 도급제 등으로 정해지는 경우 보수액이 업무의 집중도나 업무수행방법을 독자적으로 결정할 수 있을 정도인가 아닌가를 보아야 한다는 지적이다. 일의 결과에 대해 보수가 지급되는 경우라도 보수가 결정되는 단위가 세분화되어 있고 단위기간당 그 총액이 높은 수준이 아니라면 오히려 노동법상의 임금으로 이해할 수도 있지 않느냐 하는 문제를 제기하기도 한다.[18] 한편 '기본급이나 고정급이 정하여져 있는가' 하는 것을 임금성의 한 요소로 제시하는 것은 의문이다. 기본급이 없다고 해서 근로자성이 부정될 이유는 없기 때문이다. 우리 근로기준법은 "사용자는 도급이나 그 밖에 이에 준하는 제도로 사용하는 근로자에게 근로시간에 따라 일정액의 임금을 보장하여야 한다."고 규정하여(동법 제47조) 기본급 없이 업적에 따라 보수가 정해질 수도 있음을 밝히고 있다. 물론 기본급이 있다는 것은 근로자성을 추정·보강하는 요소로는 작용할 것이다.

17) 강희원/김영문, 앞의 책, 295쪽.
18) 강성태, 앞의 논문, 51쪽.

한편 기타의 요소로 제시되는 ① 비품·원자재·작업도구 등의 소유관계, ② 근로제공관계의 계속성과 전속성의 유무와 정도, ③ 근로소득세의 공제여부나 사회보장제도에 관한 법령 등 다른 법령 등에 의하여 근로자의 지위를 인정받는지 여부, ④ 당사자의 경제·사회적 여건 등은 역시 근로자성의 인부에 직접적인 판단준거로 활용할 수는 없겠고 근로자성을 보강하거나 약화시키는 증거로만 쓰일 수 있겠다.[19]

V. 맺음말

이상의 논의를 정리하면 다음과 같다. 근로자성을 인정받기 위해서는 사용자의 지시권에 복종하여야 하고 그 대가로 임금을 지급받아야 한다. 지휘명령성의 요소로는 ① 근로자가 담당하는 업무의 내용이 사용자에 의하여 정하여지는가, ② 업무수행과정에서 근로자가 사용자로부터 지휘·감독을 받는가, 그리고 사용자의 지시에 따르지 않을 때는 (해고를 포함한) 징계의 대상이 되는가, ③ 사용자에 의하여 근무시간과 근무장소가 지정되고 이에 구속을 받는가 등을 들 수 있겠다. 임금성의 요소로는 ④ 보수가 노동 자체의 대상적 성격을 갖고 있는가 하는 지표를 제시할 수 있다. 그밖의 요소는 근로자성을 결정하는 직접적인 준거로 활용하기 보다는 근로자성을 보강하거나 약화시키는 요소라

19) 임종률 교수 역시 고정된 보수의 유무, 사회보험의 적용 여부, 세법상의 판단은 근로자성의 판단요소로 부적절하다고 밝히고 있다(임종률, 앞의 책, 33쪽).

고 보는 게 적절하다.[20] 이 점에서 대상 판결은 1994년 공식보다는 진일보하였지만 역시 한계를 드러내고 있다고 평가할 수 있겠다.

주의할 것은 근로자성의 판단은 하나의 그룹으로 유형화하여 판단할 것이 아니라 개개의 사안을 검토하여 판단하여야 한다는 점이다. 예컨대 '학습지 교사는 근로자', '보험외무사원은 비근로자' 하는 식의 직업군에 따른 근로자성 인정은 곤란하다는 것이다. 오히려 근로자성이 인정되는 직업군에서도 개별사례에 따라 전체적 상황을 종합적으로 고려하면 근로자성이 부인되는 학습지 교사도 있을 수 있고, 근로자성이 인정되는 학습지 교사도 있을 수 있다. 또한 보험회사의 외근원도 직업형식에 따라 근로자성이 판단되는 것이 아니라, 어느 외근원은 회사와 고용계약을 체결하고 보험모집인을 지원하기 위해서 외근하는 경우도 있을 수 있고 따라서 근로자성이 인정될 여지가 있는 반면에 어느 외근원은 전형적인 자영인으로서 기능하는 경우도 있을 수 있다.

---

20) 오문완, 노동보호법의 쟁점과 과제, 울산대학교 출판부, 2007, 251-2쪽. 1988년 노동부의 업무지침이 보다 간명한 것으로 여겨진다.

2. 균등처우원칙

교환직렬 차등정년규정의 남녀균등대우 위반 여부
대상판결 : 대법원 1996.8.23 선고, 94누13589 판결

I. 사건의 개요

이 사안은 한국전기통신공사(이하 '공사'라 함) 일반직 직원의 정년을 58세로 정하면서 그 가운데 교환직렬은 53세를 정년으로 정하고 있어 이 부분이 평등권에 관한 헌법 제11조, 남녀차별을 금지한 근로기준법 제5조, 남녀고용평등법 제8조 제1항 위반인지 여부가 다투어진 예이다.

공사 소속 직원은 집행간부직원, 일반직직원 등 6가지로 구분되고, 일반직직원은 행정, 통신, 공업, 교환, 시설, 집배, 교환, 운송, 수위의 8개 직군으로 구분되며, 그 각 직군이 다시 22개 직렬(교환직군에는 교환직렬만 있다)로 구분된다. 각 직렬은 그 업무의 성질이나 내용, 근무형태 등이 다르고, 남녀를 구별하지 아니하고서 응시최고연령 및 시험과목 등 임용방법이 달리 정해져 있다. 승진에서도 각각 그 승진상한직급이 달리 규정되어 있어 교환직의 경우 3급까지(직상직급대우도 가능) 승진할 수 있도록 되어 있고, 직위는 따로 부여하지 않는다.

교환직의 직무내용은 114 전화번호 안내, 전화가입자로부터 시외 및 국제교환전화를 신청받아 연결 소통시키는 업무, 전화요금을 부과하기 위하여 통화건수, 시간 등을 정리하고 기타 교환업무에 관한 관리 감독(서무, 교육, 녹음, 통계, 114 번호부의 정리 및 자료관리, 안내장치의 운용)을 하는 업무 등이다. 이 가운데 가장 본질적인 업무는 안내 및 교환업무이다(1991.12.31. 기준 전체 교환원 중 약 70%가 안내 및 교환업무에 종사하고 있다). 한편, 공사의 교환원은 안내 및 교환업무가 연중무휴로 1일 24시간 계속적으로 이루어져야 함에 따라 교대근무(일근, 석근, 야근)를 하고 있다.

공사 소속 직원의 정년은, 일반직직원은 58세(교환직렬직원은 53세), 연구직직원은 책임급 66세, 선임급 60세, 전임급 이하 연구원과 연구보조원은 58세, 기능직직원 및 용원은 각 58세로 정해져 있다. 그리고 본인이 희망하는 경우 인사위원회의 심의를 거쳐 1년의 범위내에서 1회에 한하여 연장할 수 있는데(1992.5.18. 인사규정에 신설), 교환직렬 직원의 정년은 1982.5.20. 43세로, 1984.6.29. 50세로, 1987.9.4. 53세로 각 연장되어 왔다.

위 정년과 관련하여 이 사건의 피고보조참가인(이하 '참가인'이라고 함) 김영희는 1992.12.31. 53세로 정년퇴직하면서 공사 인사규정 제36조 제3항[1])에 의하여 1년간 정년을 연장할 수 있었으

---

1) 동 조항은 다음과 같이 규정되어 있다 : 「제1항(직원의 정년에 관한 규정)의 규정에 의한 직원의 정년이 61세 미만인 정년은 당해 직원의 신

나 그 정년연장 신청을 하지 아니하고 위 퇴직에 따른 퇴직금을 수령하였다(1993.2.17.). 참가인은 또 한편으로는 1992.12.11. 서울지방노동청에 공사의 인사규정 제36조는 명백한 남녀차별정년이므로 시정해 줄 것을 요청한다는 진정서를 제출하였다. 이에 대하여 서울지방노동청장은 1993.3.31. 공사의 위 인사규정은 직종간 정년구분임을 구실로 하여 실질적으로는 남녀의 정년을 차별하고 있는 것으로서 남녀고용평등법 제8조 및 근로기준법 제5조를 위반한 것이라 하여 같은해 5.31.까지 시정할 것을 지시함과 동시에 만 53세를 넘는 근로자는 교환업무를 수행할 수 없다는 점을 노동과학적으로 입증할 수 있다면 그 증거자료를 제시하여 위 시정일자까지 이의를 제기하도록 하였다. 그러나 공사는 서울지방노동청의 시정조치에 응하지 않았다.

참가인은 1993.3.30. 서울지방노동위원회에 자신에 대한 공사의 1992.12.31.자 정년퇴직조치는 부당해고처분이므로 원직에 복귀시켜줄 것과 해고기간중의 임금상당액을 지급하도록 하여 줄 것을 신청하였다. 이에 대해 서울지방노동위원회는 교환원의 정년을 타직렬의 58세보다 낮은 53세로 정한 것은 경영상의 상당한 이유가 있다는 이유로 남녀차별정년규정이 아니라고 판단하고 따라서 부당해고가 아니라고 하여 청구를 기각하였다(1993.5.4, 93부해92).

이에 참가인이 불복하여 중앙노동위원회에 재심을 신청하였는

청에 의하여 인력수급 사정, 당해 직원이 담당하는 직무의 특수성, 당해 직원의 직무수행능력과 건강상태 등을 고려하여 인사위원회의 심의를 거쳐 1년의 범위내에서 1회에 한하여 연장할 수 있다.」

데 중앙노동위원회는 공사의 정년규정이 차별정년을 규정한 것으로 보고 부당해고라고 판단하였다(1993. 9.3. 93부해130). 원심인 서울고등법원도 이 사건은 남녀차별정년에 근거한 부당해고라는 취지라는 판단을 하였고(서울고등법원 제10특별부 1994.9.29 선고, 93구25563 판결), 이에 대해 공사가 대법원에 상고하기에 이르게 된 것이다.

Ⅱ. 판결 요지

대법원은 "남녀고용평등법 제8조 제1항, 제2조의 2 제1항은 사업주가 근로자의 정년 및 해고에 관하여 여성인 것을 이유로 합리적 이유없이 남성과 차별하는 것을 금지하고 있고, 근로기준법 제5조는 사용자는 근로자에 대하여 남녀의 차별적 대우를 하지 못하며 국적, 신앙 또는 사회적 신분을 이유로 하여 근로조건에 대한 차별적 처우를 하지 못한다고 규정하고 있는 바, 근로기준법 제5조에서 말하는 남녀의 차별적 대우란 합리적인 이유없이 남성 또는 여성이라는 이유만으로 부당하게 차별대우하는 것을 의미한다(대법원 1988.12.27. 선고, 85다카657 판결 참조)"고 하여 합리적인 이유없는 남녀차별은 법위반이라는 데서 출발한다.

즉 어느 직종이 여성전용직종인가 아닌가 하는 것은 남녀차별 여부를 판단하는 전제에 불과하고 정작 중요한 것은 그 직종에 대한 차별(예컨대 이 사건에서처럼 다른 직종보다 정년을 낮게 정하는 것)에 합리적인 이유가 있느냐 없느냐 하는 것이라고 한다.

이러한 전제 아래 이 사건에서의 직종간 정년차이는 "교환직렬에서의 인력의 잉여 정도, 연령별 인원구성, 정년 차이의 정도, 차등정년을 실시함에 있어서 노사간의 협의를 거친 점, 신규채용을 하지 못한 기간, 현재의 정년에 대한 교환직렬 직원들의 의견 등에 비추어 보아 원고가 교환직렬에 대하여 다른 일반직 직원과 비교하여 5년간의 정년차등을 둔 것이 사회통념상 합리성이 없다고 단정하기는 어렵다 할 것"이라는 결론을 내리고 있다.

이렇게 판단하게 된 데에는 잉여인력으로 말미암아 신규채용이 이루어지지 않고 있는 교환직렬의 경우 담당인력의 고령화가 지속되고, 더욱이 교환직렬의 정년을 다른 직렬의 경우와 같이 58세로 연장하면 교환직렬은 더욱 고령화되고, 신규인력의 유입이 어려워짐에 따라 연공서열제를 채택하고 있는 공사의 고용비용은 증가되고 상대적으로 생산성은 낮아질 수밖에 없다는 기업의 경영형편이 크게 작용한 듯이 보인다. 또한 교환직렬의 정년문제에 대하여 교환원들에게 설문조사를 한 결과 조사대상 교환직의 30.9%가 현재의 정년이 적정하다고 답변하였고, 56.2%는 오히려 정년의 단축이 필요하다고 답변하여 다수 직원이 현재의 정년이 적정하거나 오히려 단축되어야 한다는 의견을 가지고 있다는 점[공사의 의뢰에 따라 서울대학교 행정대학원부설 행정조사연구소가 실시한 조사 결과를 정리한 '전화교환직의 노동생산성 평가 및 인력관리제도 개선방안' 보고서(이하 '보고서'라고 함)의 내용]도 중시되었다. 적정한 근무연령을 과학적으로 밝혀 낸다는 것은 사실상 불가능하나 위 보고서에 의하면 50세를 전후하여 대체적으로 노동생산성이 떨어지는 것으로 나타나고 있고,

공사 자체의 분석에 의하면 교환직의 경우 연령이 높아질수록 업무처리실적이 낮아진다는 점도 고려요소가 되었다.

III. 평석

기실 이 사건 참가인 김영희는 1961. 6. 1. 체신부 중앙전화국 교환원으로 근무하다가 1982. 1. 1. 체신부의 전기통신업무가 공사로 이관됨에 따라 공사의 서울시외전화국 일반직 5급 교환원으로 옮겨 승계근무를 하던 중, 1982.12.31. 당시 인사규정에 의하여 43세 정년퇴직하게 되자 7년여에 걸친 소송을 거쳐 1989년 복직한 경험이 있다[대법원 제2부 1988.12.27 선고, 85다카657 판결[2](이하 '1988년 대법원판결'이라 함) 참조]. 그런데 사실상 다를 바 없는 사안에 관한 사건인데 1988년 대법원판결은 정년연령의 차이가 12년(당시 일반직은 55세, 교환직은 43세 정년제로 되어 있었음)에 달하는 경우여서 합리성이 없다고 보고, 이 사건 대법원판결은 연령차가 5년에 불과한 것이어서 합리성이 있다고 본 것인지 의문이다. 대법원판결 이유를 보면 어느곳에도 연령차이의 상대적 크기 때문에 합리성 유무의 판단에 영향받았다는 대목은 찾아볼 수 없다. 다만 8년이라는 세월이 지난 다음 동일하다고 볼

2) 위 43세 정년의 적법성 여부에 관하여 당시 서울지방법원 및 서울고등법원에서는 이를 적법하다고 판시하였으나, 대법원에서는 원심파기판결을 하였고(1988.12.27 선고, 85다카657 판결), 다시 서울고등법원은 43세 정년이 위법, 무효라고 판시(1989.4.19. 선고, 89나2136 판결)하여 동 판결이 확정되었다.

수 있는 사건에서 대법원의 태도가 바뀐 데 대해서는 무언가 석연치 않은 점이 있고 연령차이의 상대적인 크기에 따라 결론을 달리한 후 논리조작을 가한 것은 아닌지 하는 의구심을 떨쳐버릴 수 없다는 것이다. 이하 이 사건 대법원판결과 원심판결, 1988년 대법원판결을 비교검토하면서 올바른 결론을 도출해 보고자 한다.

1. 정년제의 합리성

정년제는 당해 근로자의 노동능력과 근로의욕이 어떤지를 가리지 않고 일정한 연령에 도달하였다는 이유만으로 일률적으로 근로계약을 종료시키는 것[3]이므로 그 합리성·합법성이 문제가 된다. 일본에서의 논의를 보면 학설로는 근로자의 개인차를 무시한 부당한 연령차별로서 정년제의 존재 자체를 위법이라고 해석하는 견해와 징계해고 이외의 이유로는 해고되지 않는다고 하는 일종의 신분보장적인 기능이 있는 경우에만 그 정당성이 인정된다는 견해가 있다. 이에 대해 판례는 정년제를 정할 필요성과 합법성을 인정한 다음 정년연령의 합리성과 직종·성별에 따

3) 정년제에는 정년에 도달하면 근로계약이 자동적으로 종료되는 '정년퇴직제'와 정년에 달했다는 이유로 사용자가 그 근로자를 해고함으로써 고용관계를 소멸시키는 '정년해고제' 두 가지가 있다. 그러나 어느 경우에나 정년에 도달한 시점에서 근로자의 의사와는 무관하게 정년에 달했다는 이유만으로 근로계약관계가 소멸될 수 있다는 점에서는 마찬가지이다. 정년제 일반에 관해서는 今野順夫, "休職·退職·定年", 日本勞動法學會 編, 現代勞動法講座 10권(勞動契約·就業規則), 總合勞動研究所, 1986, 190-6쪽 참조.

라 연령차를 두는 정년제의 합리성 유무를 검토하면서 사안마다 그 효력을 논하고 있다.

그런데 정년연령의 합리성 판단은 대상이 되는 개개인마다 차이가 있다는 것은 별론으로 하고 시대의 추이와 사회상황의 변화 등에 따라 바뀌기 마련이다. 따라서 종래 55세 정년제를 합리적이라고 보아 왔던 데서 이제는 시각을 달리하여야 한다는 견해가 유력하다.

정년제 일반의 합리성에 관해서는 대개 ① 고령근로자는 노동력의 질(업종·직종상의 적격성)이 떨어지는 데 비해 임금이 높기 때문에 기업경영에 압박요인이 된다는 것, ② 고령자의 고용을 줄임으로써 젊은층의 고용을 늘일 수 있다고 하는 점 외에 인사적체 해소와 사기진작을 꾀하는 등 기업의 조직과 운영의 적정화를 기할 수 있다는 데 합리성의 근거를 두고 있다.

그러나 정년제는 근로자에게는 사실상 해고와 다르지 않기 때문에 해고의 정당성 문제와 마찬가지로 사회통념상 시인하기 어려운 경우에는 정년제를 설정하는 것 자체가 기업경영권의 범위를 일탈한 것이라는 판결도 있다(朝日新聞社事件 - 大阪地裁 1961.7.19 判決).[4]

이렇듯 정년제 자체가 근로자에게 미치는 영향이 아주 큰 제도이므로 제도의 설계나 운용은 여타 제도보다도 더욱 주의를 기울여야 할 것이다. 이 사건에서 공사는 교환직직원에 대하여 교환직렬을 포함하고 있는 일반직직원과는 정년에 있어서 5세의

---

4) 靑木宗也 외, 勞動判例大系 제6권[解雇·退職(2)], 勞動旬報社, 1992, 146-9쪽 참조.

차등을 두고 있는데, 이러한 교환직직원에 대한 정년차등이 직군 또는 직렬의 차이에 따른 것인지, 그렇지 않으면 여성전용직종인 교환직에 대한 차별인지의 여부와 여성전용직종인 교환직에 대한 차별이라 하더라도 5년의 차등은 불합리한 차별에 해당되지 않는지 여부가 그 쟁점이 된다 할 것인데 차례로 살펴보기로 한다.

2. 교환직은 여성 전용직종인가? 여성전용직종이라면 정년에 차이를 두는 것은 합당한가?

여성직렬에 대한 차별정년이 남녀차별이라는 입론이 가능하기 위해서는 우선 공사의 교환직이 여성 전용직종이라고 할 수 있는지 여부를 확정하여야 한다(1988년 대법원판결도 당시 공사가 교환원에 한하여 43세정년제를 두고 있는 것이 남녀평등에 반한다고 판단한 이유는 그 사건의 원심이 교환직렬직종이 여성전용직종인지의 여부와 정년을 다른 직종에 비하여 현저히 낮게 정하게 된 이유를 구체적으로 심리판단하였어야 함에도 불구하고 원심이 이를 게을리하였다는 데서 말미암는다. 원심은 교환직렬이 남녀 모두에게 개방되어 현재도 3명의 남성근로자가 있다는 사실과 교환원에 대한 정년이 과거부터 43세로 정해져 왔다는 사실만을 적시한 다음 막연히 인사규정 제36조 제1항 단서[5]는 교환직렬직종의 특수성, 근로자의 수급 등 공사와 그 소속근로자들의 사정을 감안하여 교환직렬직원 전체의 정년을 정한 것으로서 그 규정의 결과로 현실적으로 대다수의 여성이 종사하고 있는 교환직렬의 정년이 43세로 되었다 하여 위조항 단서가 근로기준법 제5조에 위반되어 무효라고 보기 어렵다고 판단하였

5) 일반직렬은 55세를 정년으로 정하면서 교환직렬에 한해 43세정년제를 채택한 규정.

다. 그런데 대법원은 바로 이러한 판단에 심리미진과 이유불비가 있어 판결결과에 영향을 미치게 하였음이 명백하다고 본 것이다).

이 사건의 사실관계를 살펴 보면, 공사가 교환직직원을 모집하는 데 여성에 한정한다는 제한은 없었다. 그러나 공사 설립 당시 약 4,800명 가량의 교환직직원 가운데 남성은 불과 3명이었고, 그후 교환직 인원이 1989.3.경에는 6,700명으로 증가되었음에도(1994.5.경에는 6,208명으로 감소) 계속 여성근로자로 충당되어 왔다. 더욱이 원고에 대한 정년퇴직 발령 당시에는 모두 여성근로자만이 이 직렬에 종사하고 있었다.

이러한 전후 사정을 참작한다면, 공사의 교환직에는 예외적으로 남성근로자가 취업하였던 것이고, 그 업무내용도 여성근로자의 근로 내용과 별로 차이가 없어 위 직종에 특별히 남성근로자가 필요하여 취업하였던 것으로 볼 수는 없겠다. 또한 앞으로도 이 직종에 남성근로자가 필요하게 될 것으로 보이지도 않는다. 그렇다면 공사의 교환직은 사실상 여성전용직종으로 보아야 할 것이다. 공사측은 한국산업인력관리공단에 등록되어 있는 전화교환기능사중 남성기능사가 상당수 있다고 반론을 제기한다(증거자료에 따르면 1993.9.30. 현재 전화교환기능사 9만 4,378명 중 438명이 남자이다). 그러나 그렇다고 하더라도 결론이 달라진다고 보기는 어려울 듯하다.

따라서 여성근로자가 남성근로자와 동일가치의 근로 즉, 직종, 작업내용, 기능, 책임, 노동밀도, 능률 등의 점에서 동등한 노무를 제공하고 있는 한 동등한 근로조건으로써 대우토록 하여야 할 것이다. 물론, 여성근로자에 대해 근로조건에 격차를 두는 것에 합리성이 있다는 것을 사용자측이 입증할 수 있다면 차별이라고 볼 수 없다. 남녀간의 차별정년에 관하여 이미 대법원은 “헌법 제11조 제1항에서 규정한 법앞에서 평등하다는 취지는 모든 국민을 절대적으로 평등하게 대우하여야 한다는 것이 아니고 인간으로서의 존엄성과 인격적 가치에 있어서 평등하며 성별 또는 사회적 신분 등의 차이로 인하여 불이익한 대우를 받아서는 안된다는 대원칙을 표현한 것이고, 구체적인 인간으로서의 개개인의 국민은 경제적, 사회적 기타 여러가지 조건에 따라 차이가 있으므로 구체적인 차이에 따른 일반사회관념상 합리적인 근거있는 차등까지를 금하는 것은 아니라 할 것”이라고 하여 ‘합리적인 이유’ 없는 차별만이 금지된다는 사리를 밝히고 있다 (1988년 대법원판결). 그리고 이러한 이치는 다른 사건 대법원판결에서도 확인된 바 있다.[6] 공동체에 참여하고 있는 모든 구성원들은 정의의 중요한 근거에 의해 상이한 취급 내지 불평등한 분배가 정당화되지 않는 한도에서 평등하게 취급받아야 하고 또 권리와 의무, 이익과 부담은 그들에게 평등하게 분배되어야 한다는 것이 평등취급 내지 평등분배의 원리이기 때문이다.[7]

그렇다면 여성근로자에 대한 차별대우의 합리성 유무는 어떻게 판단하여야 하나? 오래된 판결이지만 일본의 사례 하나를 소

---

6) 정년규정은 당해 사업장에 있어서 근로자가 제공하는 근로의 성질, 내용, 근무형태 등 제반여건에 따라 합리적인 기준을 둔다면 같은 사업장 내에서도 직책 또는 직급에 따라 서로 차이가 있을 수 있는 것이고, 이와 같은 기준에 따라 회사가 정한 정년 규정이 일용노동자의 가동연한이나 공무원 및 동종회사 직원의 정년보다 다소 하회한다고 하여 이를 법률상 무효라고 할 수는 없다(대법원 1991.4.9. 선고, 90다16245 판결).

7) 심헌섭, “정의에 관한 연구”, 서울대학교 법학 29권 2호, 1988, 97쪽 참조.

개하는 게 이해를 쉽게 할 것으로 생각된다. 소개하고자 하는 판결은 岩手縣經濟農協連事件인데 사안은 일반직원은 55세정년제를 채택하면서 여성만으로 구성된 준직원(사무고용원)에게는 31세정년제를 시행하고 있던 사업장에서 퇴직연령이 된 여성근로자가 이 규정은 명백한 남녀차별규정이라는 이유로 무효를 주장하고 지위보전을 구한 가처분신청사건이다. 이 사안에 대해 盛岡지방재판소는 다음과 같이 판시하고 있다.

피신청인은 차별을 정당화하는 특단의 사정으로 ① 사무고용원은 오로지 단순, 보조적 업무를 담당하고 전문적 지식과 경험을 필요로 하는 업무를 담당하는 사무직원과 직무에 있어 분명히 구별되기 때문에 그 고용, 관리가 사무직원과는 다른 것은 당연한 이치이고, ② 피신청인은 현재 사무고용원이 담당하고 있는 단순보조적인 업무를 장래 전산기를 도입하여 해소한다는 목표로 지금의 사무고용원을 장래에는 사무오퍼레이터 등 보조직으로 배치전환한다는 전제 아래 근로조건 등을 정하고 있고, ③ 정년 기준에 관해서도 이러한 보조직으로의 전환이 가능한 범위에서 정하고 있다고 주장한다.

그러나 사무고용원이면서 사무직원과 동일하거나 동종의 업무를 분담하고 있는 예가 있다는 것(따라서 양자가 담당하는 업무가 명확하게 구분된다고 할 수는 없다는 것)은 피신청인이 주장하는 바의 전제를 상실케 하는 것이다. 뿐만 아니라 증인의 증언에 따르면 피신청인은 여자사무고용원에 대해서는 그 잠재능력을 기대할 수 없어 그 능력개발도 고려치 않고 있다. 더욱이 31세를 넘는 여성(사무고용원인 경우)은 그 능력이 저하된다는 것도 그다지 합리적인 근거를 찾아보기 어렵다(피신청인은 이 점에 관한 아무런 자료를 제출하지 않고 있다). 이러한 점을 종합해 보면 피신청인은 젊은 여성노동력만을 저임금으로 사용하려고 하는 정책에 따라 31세정년제를 채택하고 있을 뿐이라고 하지 않을 수 없다.

이상의 점을 감안할 때 여자사무고용원의 정년은 31세로 하고 일반직원(사무직원을 포함)은 55세로 하여 정년을 차별하는 준직원 취업규칙 제15조 1호의 규정은 현저히 불합리한 것이고, 민법 제90조(우리나라 민법 제103조에 해당)에 위반하여 무효라고 하지 않을 수 없다. 또한 사무고용원 등의 정년을 31세로 정한 1969.3.25.의 피신청인과 노조 사이의 협정도 마찬가지로 무효이다.[8)]

성별 작업구분이나 근로조건의 구분을 명확히 하지 아니한 채 결과적으로 남녀를 차별하는 정년규정은 근로기준법 제5조와 남녀고용평등법 제8조 제1항에 위배되어 무효라고 할 것이라는 대법원판결(대법원 제3부 1993.4.9. 선고, 92누15765 판결)[9)]도 같은 이치를 밝힌 것으로 이해할 수 있다. 결국 남녀평등의 원리는 모든 법률관계에서의 기본원리라 할 것이고 사회실정에 따른 국민일반의 양식에 비추어 그 합리성이 인정되는 경우에 한하여 남녀간의 차등정년이 인정된다고 보아야 한다. 따라서 여성에 대한 차등을 은폐하기 위한 탈법적 의도하에서 이루어진 경우는 위법

8) 1971.3.18, 勞民集 22권 2호. 앞의 勞動判例大系 제6권, 152-3쪽 참조.
9) 이 판결에 대해 필자와 같은 취지로 분석한 판례평석으로는 금동신, "동일부서내 남녀정년차등제 유효성", 노동판례 평석집, 한국경영자총협회, 1995가 있다.

하다는 평가를 받게 되는 것은 물론 그 정년 연령이 사회적 양식에 비추어 타당치 아니한 경우에도 그 합리성은 부정되어야 할 것이다.

한편 행정해석도 기본적으로 판례와 같은 태도를 보이고 있다. 대표적인 예로는 단체협약으로 일반직과 특무직(운전직)은 57세, 사무직은 45세로 정년을 규정한 사업장에 대해 노동부는 "고용에 있어서 남녀차별 여부를 판단함에 있어서는 단체협약, 취업규칙 등에 나타난 형식적 표현보다는 실질적으로 성을 이유로 차별대우 하는지 여부를 그 기준으로 하여야 하는 바, 단체협약에 대다수가 여성인 직종의 정년이 그렇지 아니한 직종의 정년보다 낮게 정해져 있다면 이는 그 외관에 관계없이 일응 남녀차별 정년을 설정한 것으로 추정되며, 따라서 사업주가 비교되는 해당 직종 사이에 차등 정년의 합리성을 입증하지 못하는 한('남녀의 업무가 다른 것'만으로는 합리적인 이유가 될 수 없음) 남녀간 정년차별을 금지하고 있는 남녀고용평등법 제8조와 남녀근로자 차별대우를 금하고 있는 근로기준법 제5조에 위반된다고 할 것"이라고 판단하고 있다(부소 01254-110, 1992.3.20).[10)]

결국 1988년 대법원판결이 적절하게 지적하고 있듯이 교환직렬 근로자의 근로내용, 이용자에 대한 역할, 특별한 복무규율이

---

10) 학교의 임시직원규정에서 임시직원의 정년을 일반직원의 정년(51~60세)에 준하도록 규정하고 있는데 임시직원을 별정직 사무보조원으로 채용하면서 별도로 제정한 별정직원규정에서 대다수가 여성인 사무보조원의 정년을 합리적인 이유없이 다른 직종보다 현저히 낮은 30세로 정한 것은 남녀고용평등법 제8조와 근로기준법 제5조에 위반된다고 한 예(감독 68200-788, 1995.3.27)도 같은 맥락으로 이해된다. 노동부 부녀소년과 편, 남녀고용평등법 질의회시집(1988~1995), 1995, 57-79쪽 참조.

필요한 여부나 인력수급사정 등 이들 근로자와 공사에 관한 여러 사정을 모두 고려하여 정년을 그렇게 낮게 정할 상당한 이유가 있었는지 아니면 합리적인 이유없이 부당하게 낮은 정년을 정한 것인지의 여부 등을 상세히 검토해 보아야 한다. 그리고 이들 모든 사정들을 종합하여 여성전용직종으로 여겨지는데도 합리적인 이유없이 여성근로자들이 조기퇴직하도록 부당하게 낮은 정년을 정한 것이라면 이는 분명히 근로기준법의 남녀차별금지규정에 해당되어 무효로 보아야 할 것이다.

3. 이 사건 정년차별규정의 합리성 여부

다음으로 교환직렬이 여성전용직종인지 아닌지 하는 문제와는 별도로 이 사건 대법원판결에서 보듯이 직종간 차별정년을 두는 데 합리적인 이유가 있는지 하는 것을 검토해 볼 필요가 있다. 그것은 교환직렬이 여성전용직종이 아니라고 하는 주장에 대해서도 대응논리를 가지고 있어야 하기 때문이다. 합리적인 차별이라고 하는 주장의 근거를 하나하나 검토하면서 올바른 해답을 찾아 보자.

(1) 먼저 교환직렬의 업무가 다른 직렬과 근본적인 차이를 보이는지, 그리고 그 때문에 연령이 높아질수록 업무처리실적이 현저히 낮아지는지 여부를 검토해 보자.

대법원은 교환직렬 직원들도 젊은 교환원들의 채용을 원하고 있을 뿐만 아니라 앞의 보고서에 따르면 현직 교환원들 가운데

87.1%가 현재의 정년이 적정하거나 오히려 단축해야 한다는 의견을 밝힌 사실, 공사의 경우 교환업무의 자동화로 인하여 교환직렬에 잉여인력이 발생하여 1982. 11. 26. 이후 교환직렬에 신규채용을 중지하고 있다는 점을 주된 판단의 근거로 삼고 있다. 그리고 보고서에서 50세를 전후하여 대체적으로 노동생산성이 떨어지는 것으로 밝히고 있고, 공사 자체의 분석에 의하면 교환직의 경우 연령이 높아질수록 업무처리실적이 낮아진다는 점도 고려요소에 넣고 있다.

그러나 원심이 적절하게 지적하고 있듯이 반드시 그렇게 볼 것인지는 의문이다. 교환직은 24시간 업무수행으로 일근, 석근, 야근의 근무형태를 취하고 있고, 승진이 제한되는 한편 직위가 부여되지 않는다는 특징이 있는 것은 사실이다. 그런데 그 업무내용이라는 것은 정신노동과 육체노동이 복합된 단순한 기능직종에 속하는 것으로서 보통인 정도의 지능이나 판단력 그리고 건강 및 체력을 갖추면 그 업무를 수행하기에 충분하고 달리 특별한 지식이나 강인한 체력을 요하는 것은 아니다. 더욱이 통신기기의 발달과 자동화 등으로 교환원의 경우 노동의 강도가 약해지고 노동시간이 단축되어 가고 있는 게 현실이다. 그렇다면 교환직에 종사하는 근로자들이 공사의 일반직직원이나 기능직직원 들과 비교해 볼 때 업무상이나 가동연한면에서 현저히 차이를 나타내게 될 것인가? 그리고 그 때문에 만 53세 이상의 교환원이 교환업무를 수행하기에 부적합하다든가 더 나아가 업무를 감당할 수 없을 정도라고 할 수 있을 것인가?

인간은 누구나 나이를 먹음에 따라 노화현상이 일어나고 신체적·정신적 기능의 저하로 노동능력이 감퇴된다. 20세를 기준으로 5세 또는 10세 간격으로 구분하여 신체의 체력, 심장과 폐기능, 운동기능, 감각기능과 정신, 심리적 기능들을 비교하여 보면 특히 60세 이후에 기능감퇴현상이 두드러지게 나타나게 된다고 한다. 다만, 노화현상으로 오는 신체적·정신적 노동능력의 감퇴율에 남녀간 특별한 차이는 없으므로 위와 같은 노화현상은 남녀의 차이보다 개인의 차이가 더 크다고 할 수 있다.

전화교환직의 연령과 관련된 직무수행능력을 종합적으로 평가할 때는 신체적·정신적 능력이나 가족형성주기, 건강 기타 여러 가지 요소를 모두 고려해야 한다. 그리고 이들 요소를 종합해서 판단해 보면, 30세 이전 및 30대 여성들과 40대 이후 여성들을 비교할 때 40대 이후 여성들의 직무수행능력이 뒤떨어지지는 않는다고 한다(직장생활과 가정생활을 병행하는 문제 또는 직장생활과 자녀양육활동과의 갈등이라는 문제를 생각하면 그 갈등이 가장 심한 시기는 30대이고 그렇다면 30대 여성근로자의 직무수행능력이 가장 떨어진다고 볼 수도 있다). 공사 교환원의 경우 연령증가에 따라 신속성, 피로회복 등의 적응면에서의 근무능력은 떨어진다 하더라도 성실성, 친절, 정확성면에서 근무능력은 상승된 것으로 나타나 결국 전반적인 평가에서는 연령증가로 인하여 근무수행능력이 떨어진다고 볼 수 없다는 증거자료가 제출된 바 있다.

그렇다면 여타 직렬과 달리 굳이 교환직렬에 한해 정년을 5살 아래로 정하고 있는 것은 합당하다고 보기 어렵다.

(2) 다음에 공사의 인력수급사정 등 기업경영상의 측면에서

교환직의 정년을 따로 정하는 것이 합리적인지 살펴보자.

대법원은 1987. 9. 4.부터 1994. 5. 30.까지 공사 교환직렬 직원 중에서 퇴직한 근로자 869명의 퇴직과정을 보면 53세의 정년으로 퇴직한 자는 1명뿐이고, 그 나머지는 모두 정년에 이르기 전에 조기퇴직한 것이 사실이고, 이러한 점에 비추어 볼 때 53세가 넘는 고령의 여성근로자가 야간근무 등을 수반하는 교환직의 업무를 담당하는 것이 적합한지 의문이라고 한다. 또한 1994. 5. 30. 현재 교환직렬 직원 중 53세가 10명, 52세가 35명, 51세가 51명, 50세가 40명, 49세가 64명, 48세가 70명에 이르는 점에 비추어 보면 잉여인력으로 말미암아 신규채용이 이루어지지 않고 있는 교환직렬의 경우 담당인력의 고령화가 지속되고 있다는 점도 지적한다. 이런 상황 속에서 공사 교환직렬의 정년을 다른 직렬의 경우와 같이 58세로 연장하면 교환직렬은 더욱 고령화되고, 신규인력의 유입이 어려워짐에 따라 연공서열제를 채택하고 있는 공사의 고용비용은 증가되고 상대적으로 생산성은 낮아질 수밖에 없다는 것이다. 때문에 공사가 교환직렬에 대하여 다른 일반직 직원과 비교하여 5년간의 정년차등을 둔 것이 사회통념상 합리성이 없다고 단정하기는 어렵다고 한다.

그러나 조직내의 원활한 신진대사를 위하여 정년제 도입이 필요하고 근로자의 실제 노동가능연령보다 낮게 정년을 설정할 수 있다고 해도 지난 7년 동안의 퇴직자 가운데 오직 1명만이 정년퇴직을 한 점에 비추어 보면 58세의 정년보다 53세의 정년이 공사의 교환원에 대한 인력배분 및 인력수급조절 등의 경영상의 문제를 해결하기 위하여 필요한 합리적 이유가 된다고 보기는 어렵다.

또한 통신기기의 발달과 자동화 등으로 잉여인력이 발생하는 것은 기업 형태의 변화에 따라 전체적으로 배치전환 등을 통하여 인력수급을 조정하여야 할 문제이지 이를 근거로 교환직에 대한 정년차등이 합리적이라고 하는 것은 이치에 맞지 않는다. 그리고 정년이 연장됨에 따라 나타나는 신규채용인력에의 영향과 조직인사관리상의 영향, 공사의 비용부담 가중 등은 보수수준의 조정 및 명예퇴직제도의 활용 등으로 일반적으로 해결하여야 할 문제라 할 것이어서 이 또한 교환직에 대한 정년차등의 합리적 이유가 된다고 보기 어렵다(이 점을 지적하면서 차등정년을 정한 규정은 무효라고 판단한 원심의 판시내용이 훨씬 진실에 가까운 것이 아닌가 생각된다).

결국 대법원의 판단은 정년차별이 합리적인가 하는 문제와 경영상의 이유에 의한 해고(정리해고)의 법리를 혼동한 데서 오는 실수라고 볼 수밖에 없다. 앞에서도 지적한 바와 같이 대법원은 고령의 교환원에 대한 해고는 불가피할 것이라는 전제를 밑바탕에 깔고서 그러한 결과에 도달하는 길이 정년의 차별에 의한 것이든 정리해고를 통해서이든 마찬가지가 아니냐 하는 논법이라고 생각된다.

그러나 같은 해고라고 하여도 일정한 연령에 달할 때까지는 직장에 나가 일할 수 있게 해주는 정년제도와 정년에 이르기 전에 그 기업의 경제적인 형편(경영사정)에 따라 마지못해 그 기업에서 나갈 수밖에 없도록 하는 제도인 정리해고는 전혀 그 발상 자체가 다르다고 보아야 한다. 따라서 대법원은 정년차별의 합리성에 관한 이 사건에 대해서는 차별정년의 설정 자체의 당부에 대해서만 판단을 내렸어야 함에도 불구하고 그 판단의 결과가 공사에 미치게 될 여파까지 염두에 두어 다른 법리를 끌어왔다는 점에서 비판의 대상이 되는 것은 불가피한 일이라고 생각된다.[11]

그리고 대법원은 교환직렬 직원 중 상당수가 교환직렬의 업무가 아닌 고장신고업무, 전화국창구 보조업무 등을 담당하고 있고 이에 따라 공사의 인건비 증가분은 상당한 정도에 이르고 있음에 비해 일반직의 다른 직렬의 경우에는 잉여인력이 발생하지 아니하여 신규채용이 이루어져 왔음에 비추어 정년에 차이를 두어야 한다고 논리를 전개하고 있는데 이러한 논리는 사용자측의 경영형편에 따라서는 돈을 잘 벌어들이는 부서는 정년을 두지 말고 돈벌이가 안되는 부서는 아주 낮은 정년을 정한다고 하여도 합리적인가 하는 근원적인 의문을 불러일으킨다.[12]

---

11) 설령 그 결과가 같다고 할지라도 그 결과에 이르는 길은 판례상 확립된 정리해고의 법리, 즉 ① 정리해고를 하여야만 하는 긴박한 경영상의 필요성이 있는지, ② 해고를 회피하기 위한 각종 노력을 다하였는지, ③ 해고대상자의 선정은 합리적인지(특히 사회적 약자에 대한 보호에 주의를 기울였는지), ④ 정리해고와 관련하여 노동조합이나 근로자대표와 충분히 의견을 교환하였는지 등등을 검토하여 결론을 내렸어야 한다. 정리해고의 문제를 정년차별의 합리성 영역에 끌어왔다는 점에서 대법원판결의 논리는 문제가 있다는 것이다.

12) 기본적으로 대법원의 견해에 찬동하면서도 이 판결은 정책적 고려를 상당히 가미하고 있다는 지적(김기영, "부당해고구제 재심판정 취소사건 - 전화교환직렬 여성의 정년차등이 적합한지 여부", 경영계 1996년 10월호, 47쪽)도 이러한 문제점을 염두에 둔 것이 아닌가 생각된다.

(3) 사소한 것이기는 하지만 '차등정년을 실시함에 있어 노사간의 협의를 거친 점'을 이 정년차별의 합리적인 근거의 하나로 들고 있는 점도 대법원의 문제의식의 (어긋난)단초를 보여주는 것이라고 생각된다.

우리나라의 노동법체계상 단체협약이나 취업규칙, 근로계약의 내용은 근로기준법상의 근로조건을 최저한으로 놓고서 그 위에서 작동하는 규범이다. 다시 말해 노사가 아무리 의견의 일치를 본다 해도 법위반의 합의는 인정되지 않는다는 것이다. 그런데 대법원은 마치 노사간의 의견 조율이 있으면 법에 반하는 결과도 가능한듯한 입론을 하고 있다. 이러한 법해석은 분명히 잘못된 것이고, 이러한 혼동(오해)은 정리해고의 법리를 상정한 데서 오는 듯하다.

4. 결론

정년규정은 당해 사업장에서 근로자가 제공하는 근로의 성질, 내용, 근무형태 등 제반여건에 따라 합리적인 기준을 둔다면 같은 사업장 내에서도 직책 또는 직급에 따라 서로 차이가 있을 수 있는 것이고, 이와 같은 기준에 따라 회사가 정한 정년 규정이 일용노동자의 가동연한이나 공무원 및 동종회사 직원의 정년보다 다소 하회한다고 하여 이를 법률상 무효라고 할 수는 없다(그리고 이 점에 관해서는 학설이나 판례상 논란이 없다고 볼 수 있겠다). 그러나 남녀평등의 원리는 모든 법률관계에서의 기본원리라 할 것이고. 사회실정에 따른 국민일반의 양식에 비추어 그 합리성이 인정되는 경우에 한하여 남녀간의 차등정년이 인정된다. 따라서 합리적인 기준에 근거하지 않고 직종별 차등정년을 설정하는 것은 여성에 대한 차등을 은폐하기 위한 탈법적 의도하에서 이루어진 경우로서 위법하다는 평가를 받게 되는 것은 물론이다. 더 나아가 그 정년 연령이 사회적 양식에 비추어 타당치 아니한 경우에도 그 합리성은 부정되어야 할 것이다.

그러면 과연 어떠한 근거가 있을 때 남녀간의 정년 차이를 인정할 수 있겠는가 하는 의문이 든다. 그 기준으로는 일응 '기술, 노력, 책임 및 작업조건'의 차이를 생각해봄직하다(남녀고용평등법 제6조의 2 제2항에서는 '동일가치노동 동일임금'의 적용을 위한 동일가치노동의 기준을 이렇게 정하고 있는데 이 기준은 꼭 임금에 한정할 것은 아니고 근로조건 전반에 걸친 기준으로 볼 수 있다고 여겨진다). 그리고 이 네 가지 기준에 관한 행정해석은 ① 기술은 자격증, 학위, 습득된 경험 등 업무수행능력 또는 솜씨의 객관적 수준, ② 노력은 업무수행에 필요한 육체적, 정신적 힘의 작용, ③ 책임은 업무에 내재된 임무의 성격, 범위, 사업주가 당해 직무에 의존하는 정도, ④ 작업조건은 소음, 열, 물리적·화학적 위험의 정도 등 당해 업무에 종사하는 근로자가 통상적으로 처하는 작업환경을 말한다고 한다. 다만, 비교되는 남녀근로자간의 노동이 외형상 비슷하더라도 당해 근로자 사이에 학력, 경력, 근속년수, 직급 등에 차이가 있고, 그것이 객관적으로 합리적인 기준으로 정립되어 있는 경우에는 임금의 차별로 볼 수 없다고 밝히고 있다(감독 68200-2932, 1993.7.21). 남녀간 또는 직급간의 정년차이라고 하는 것도 이 정도의 합리적인 근거에 기해서 차별을 인정하고 그러한 차별이 사회통념상 합리성 있다고 인정받을 때 한해서 용인되는 것이라고 이해하여야 할 것이다.

따라서 성별 작업구분이나 근로조건의 구분을 명확히 하지 아니한 채 결과적으로 남녀를 차별하는 정년규정은 근로기준법 제5조와 남녀고용평등법 제8조 제1항에 위배되어 무효라고 할 것이다. 그리고 이 사건이 바로 그 전형적인 예라고 생각된다.

결국 공사의 인사규정 제36조는 여성전용직종인 교환직(직군·직렬)에 대하여만 합리적 이유없이 차등을 둔 것이고, 이는 근로기준법 제5조 및 남녀고용평등법 제8조 제1항의 남녀차별금지의 입법취지에 반하므로 위 정년차등부분은 당연 무효라고 보아야 할 것이다(더 나아가 헌법 제11조 제1항에서 정하고 있는 평등의 원칙을 위반한 것이기도 하다). 그리고 이에 기인한 퇴직조치가 부당해고에 해당한다고 하는 것은 당연한 이치이다.

5. 보론 - 동일가치노동 동일임금의 문제

균등처우 문제 중 가장 논란이 있는 부분은 역시 동일노동 동일임금의 문제라고 여겨지고 이에 관한 판례(대법원 2003. 3. 14. 선고 2002도3883 판결)를 소개해 두는 게 의미가 있을 듯하다.

1) 사건의 개요

사건은 동일가치노동 동일임금을 규정한 현행 남녀고용평등법(이하 '고평법'이라 한다) 제8조 제1항에 반하여 타일제조를 업으로 하는 회사가 1995. 6.경부터 1996. 9.경까지 신규채용자의 일급을 남자근로자에게는 17,600원을, 여자근로자에게는 15,600원을 각각 지급하고, 1996. 10.경부터는 남자근로자에 대해서는 19,100원을, 여자근로자에 대해서는 17,100원으로 책정하여 달리 지급하여 전체 여자근로자 23명에 대하여 임금 합계 22,409,607원을 부족하게 지급함으로써 성별을 이유로 근로자들을 부당하게 대우하였다는 것을 이유로, 고평법 제8조 제1항 위반에 대한 벌칙을 정한 현행 고평법 제37조 제2항을 근거로 검사가 기소한 형사사건이다.

2) 원심의 판단

이에 대하여 제1심은, 이 회사 취업규칙 제53조에 성별에 따라 임금을 결정한다는 조항이 있는 것을 이유로 동일 사업장에서 성별에 따라 차별적으로 임금을 지불한 것으로 인정하여 유죄를 선고하였다. 그러나 원심은 직무의 내용을 살펴본 후 여자근로자가 담당하여 왔던 노동과 남자직원들이 담당하여 왔던 노동은 그 담당하는 업무의 성질, 내용, 기술, 노력, 책임의 정도, 작업조건 등에 비추어 '동일가치의 노동'에 해당된다고 볼 수는 없기 때문에 무죄를 선고하였다.

원심에 따르면 이 사건 사업장의 타일제조공정은 성형, 시유, 소성, 선별, 포장, 제유, 잉크제조, 스크린판 제조공정의 8개 공정으로 크게 나누어진다. 각 공정에 소요되는 남자근로자의 수는 총 16명이고 여자근로자의 수는 총 5명인데 2교대로 근무하므로 남자 근로자 총 32명, 여자근로자 총 10명이 교대로 근무하고 있으며, 남자근로자가 여자근로자 보다 높은 임금을 지급받아온 사실은 원심도 인정하고 있다.

원심은 제조공정을 구체적으로 다음과 같이 파악하고 있다. ① 성형공정의 현장에는 프레스 2대, 진공청소기 2대가 설치되어 있고, 남자 근로자 2명이 배치되어 프레스의 설비관리 및 운전, 성형제품관리, 중량이 20~30kg에 달하는 프레스 금형관리 및 금형교체 작업, 파우더 사일로 및 벨트 라인 관리, 진공청소기 설비관리 및 운전, 진공청소기 온도관리, 현장 정리정돈 등의 업무를 맡아서 하고 있다. ② 시유공정 중 ㉮ 시유기가 설치되어 있는 공정에는 남자근로자 2명이 배치되어 유약이 담긴 컨테이너(약 300kg 정도)를 운반하여 시유유약 중량관리 및 유약보충, 제품관리, 제품교환시 유약운반 및 교환작업, 라인에서 발생되는 파지 운반작업(중량 약 50~60kg 정도를 손수레를 이용하여 운반), 제품 사이즈 교체시 라인 교환 작업, 현장 정리정돈 등의 업무를 맡아서 하고 있고, ㉯ 스크린 머신이 설치되어 있는 공정에는 여자근로자 2명이 배치되어 스크린 머신 잉크 보충 및 교환, 스크린 머신 스크린판 교환 및 판 청소, 현장 정리정돈 등의 업무를 맡아서 하고 있으며, ㉰ 적재기가 설치되어 있는 공정에는 남자근로자 2명이 배치되어 시유유약 중량관리 및 유약보충, 제품관리, 제품교환시 유약운반 및 교환작업, 라인에서 발생되는 파지(불량) 운반작업, 시유 라인 각 설비관리 및 정비, 제품 사이즈 교체시 라인 교환 작업, 현장 정리정돈 등의 업무를 맡아서 하고 있다. ③ 소성공정의 현장에는 소성로 2기, 적재기, 하역기,

자동무인이송시스템(AGV)이 설치되어 있고, 남자근로자 6명이 2인 1조가 되어 소성로 운전 및 온도관리, 제품치수, 밴딩, 제품 이상 유무 관리, 제품 사이즈 교환시 라인 교환 및 설비 정비, 무인이송시스템 운전 및 대차(BOX) 관리, 현장 정리정돈 등의 업무를 맡아서 하고 있다. ④ 선별공정의 현장에는 선별대 2대, 하역기가 설치되어 있고, 여자근로자 2명이 각 선별대에 배치되어 하역기에서 소성된 타일을 포장라인으로 인입하는 중간 공정에서 타일의 등급을 결정하는 곳으로서 여자근로자가 형광펜을 이용하여 하품등급에 해당하는 타일을 표시하는 방법으로 각 등급에 따른 제품의 선별(상품, 하품의 선별), 하역기 관리 등의 업무를 맡아서 하고 있다. ⑤ 포장공정의 현장에는 제품포장기 2대, 적재기 2대가 설치되어 있고, 남자 2명이 포장기, 적재기 각 1대에 배치되어 제품의 포장 및 포장기, 적재기 운전관리, 제품 등급에 따른 제품관리 및 생산량 관리, 현장 정리정돈 등의 업무를 맡아서 하고 있다. ⑥ 제유공정의 현장에는 볼밀, 유약저장탱크, 유약이송펌프가 설치되어 있고, 남자근로자 1명이 배치되어 유약배합비에 따른 유약배합 작업, 유약출토 및 이송 등의 업무를 맡아서 하고 있다. ⑦ 잉크제조공정의 현장에는 잉크제조기가 설치되어 있고, 남자근로자 1명이 배치되어 잉크배합비에 따른 잉크제조 및 운반공급 등의 업무를 맡아서 하고 있다. ⑧ 스크린판 제조공정에는 스크린판 견장기, 감광기, 건조기가 설치되어 있고, 여자 근로자 1명이 배치되어 타일에 인쇄를 하기 위하여 스크린판을 만드는 공정으로 스크린판 제판, 현상, 감광, 세척, 건조 등의 업무를 맡아서 해 오고 있다.

원심은 위의 8가지 공정 중에서 여자근로자가 담당하여 왔던 공정의 업무는 스크린상의 잉크를 보충, 주입하거나 교환하고 스크린판을 교환하거나 청소하는 업무이거나, 컨베이어시스템으로 이동하는 타일제품을 단순히 눈으로 보아 불량품에 대하여 형광펜으로 표시만 해주는 업무, 또는 기계버튼을 눌러 스크린판을 당겨주고 스크린판 표면을 닦는 정도의 업무로서 특별한 기술이나 숙련도, 체력을 요하지 아니하는 업무이다. 이에 대하여 남자근로자들이 담당하여 왔던 공정의 업무는 무거운 기계나 원료를 운반, 투입하여야 하는 체력을 필요로 하는 업무이거나, 기계에 대한 숙련도와 전문적인 기술을 요하는 업무라고 판단하고 있다. 따라서 여자근로자들이 담당하여 왔던 노동과 남자근로자들이 담당하여 왔던 노동은 그 담당하는 업무의 성질, 내용, 기술, 노력, 책임의 정도, 작업조건 등에 비추어 '동일가치의 노동'에 해당된다고 볼 수는 없다고 판단하여, 이 사건 공소사실에 대하여 무죄를 선고하였다. 이에 대하여 검찰이 상고한 것이 본건 사건이다.

3) 대법원의 판단

(1) 대법원은 우선 동일가치노동 동일임금의 원칙에 대한 일반론을 다음과 같이 설시하고 있다.

동일가치노동 동일임금의 원칙에서 말하는 동일가치노동이라 함은 당해 사업장 내의 서로 비교되는 남녀 간의 노동이 동일하거나 실질적으로 거의 같은 성질의 노동 또는 그 직무가 다소 다르더라도 객관적인 직무평가 등에 의하여 본질적으로 동일한 가치가 있다고 인정되는 노동에 해당하는 것을 말한다. 동일가치의 노동인지 여부는 고평법 제8조 제2항에 따라 직무 수행에서 요구되는 기술, 노력, 책임 및 작업조건을 비롯하여 근로자의 학력·경력·근속연수 등의 기준을 종합적으로 고려하여 판단하여야 한다.

여기에서 '기술, 노력, 책임 및 작업조건'은 당해 직무가 요구하는 내용에 관한 것으로서, '기술'은 자격증, 학위, 습득된 경험 등에 의한 직무수행능력 또는 솜씨의 객관적 수준을, '노력'은 육체적 및 정신적 노력, 작업수행에 필요한 물리적 및 정신적 긴장 즉, 노동 강도를, '책임'은 업무에 내재한 의무의 성격·범위·복잡성, 사업주가 당해 직무에 의존하는 정도를, '작업조건'은 소음, 열, 물리적·화학적 위험, 고립, 추위 또는 더위의 정도 등 당해 업무에 종사하는 근로자가 통상적으로 처하는 물리적 작업환경을 말한다.

(2) 대법원은 이러한 일반론을 전제로 구체적인 사실관계에 대하여 판단하고 있다.

① 회사 취업규칙 제53조에서 "종업원에 대한 임금은 성별, 학력, 연령, 경력, 기술 정도에 따라 결정한다"고 규정하고 있어 회사는 성별을 임금 결정의 중요한 기준으로 하였다. 실제로 일용직 근로자를 신규채용함에 있어 취업규칙에 근거하여 학력, 경력, 기술 등 다른 기준에서 별다른 차이가 없는 남녀근로자에

대하여 성별에 따라 미리 일률적으로 책정된 일당을 적용하여 1995. 6.경부터 1996. 9.경까지 남자 근로자에 대해서는 17,600원, 여자근로자에 대해서는 15,600원을 각각 지급하고, 1996. 10. 경부터 남자근로자에 대해서는 19,100원을, 여자근로자에 대해서는 17,100원을 차별적으로 지급한 사실을 인정하고 있다.

② 위에서 본 바와 같이 원심은 피고회사의 공정을 8가지로 구분하여 남녀 근로자를 각각 구분하여 배치하고 있다고 판단하였으나, 대법원은 회사의 신규직원 채용서류를 근거로, 회사는 이 사건 공소사실 기재 일시 경에는 신규생산직원 채용시 근무부서를 생산부라고 포괄적으로만 지정하였고, 공정도 성형, 시유, 소성, 포장, 제유의 5개 공정만 지정되어 있었으며, 특히 포장과 시유 공정은 남녀 구분 없이 공통으로 지정하였다고 판단하고, 원심의 공정 구분 및 남녀 근로자 배치에 관한 사실인정 자체를 부정하고 있다. 이러한 대법원의 원심에 대한 사실오인의 위법을 지적한 것은 검찰이 이 사건을 기소한 이후 회사가 작업공정과 직원배치를 바꾸었음에도 불구하고 원심은 현재 이루어지고 있는 작업공정 및 직원배치를 근거로 하여 판단하였다는 상고이유가 받아들여진 것으로 보인다.

③ 설령 원심의 사실인정을 인정한다고 하더라도, 신규채용 일용직 근로자의 경우, ㉠ 남녀 모두 하나의 공장 안에서의 연속된 작업공정에 배치되어 협동체로서 함께 근무하고 있고 공정에 따라 위험도나 작업환경에 별다른 차이가 있다고 볼 수 없어

그 '작업조건'이 본질적으로 다르다고 할 수는 없다. ㉡ 이들은 모두 일용직 근로자로서 그 '책임'의 면에서 별다른 차이가 있다고 보기도 어렵다. ㉢ 일반적으로 앞서 본 '기술'과 '노력'의 면에서 임금 차별을 정당화할 만한 실질적 차이가 없는 한 체력이 우세한 남자가 여자에 비하여 더 많은 체력을 요하는 노동을 한다든가 여자보다 남자에게 적합한 기계 작동 관련 노동을 한다는 점만으로 남자근로자에게 더 높은 임금을 주는 것이 정당화되지는 않는다.

즉 회사내에서 남녀근로자가 하는 작업이 작업의 성격이나 기계 작동의 유무의 면에서 다소의 차이가 있고, 작업공정에 따라서는 남자근로자가 무거운 물건을 운반하고 취급하는 등 여자근로자에 비하여 더 많은 체력을 소모하는 노동에 종사한 것이 사실이지만, 그렇다고 하여 남자근로자의 작업이 일반적인 생산직 근로자에 비하여 특별히 고도의 노동 강도를 요하는 것이었다든가 신규채용되는 남자근로자에게 기계 작동을 위한 특별한 기술이나 경험이 요구되었던 것은 아니기 때문에 원심 인정과 같은 정도의 차이만으로 남녀 간 임금의 차별 지급을 정당화할 정도로 '기술'과 '노력' 상의 차이가 있다고 볼 수는 없다. 그럼에도 불구하고 남녀근로자 사이의 임금 차이가 합리적인 기준에 근거한 것임을 알아볼 수 있는 자료가 없는 이상, 성에 따라 그 기준을 달리 적용함으로써 여자근로자에게 동일가치의 노동에 종사하는 남자근로자보다 적은 임금을 지급한 것이라고 보아야 할 것이다.

3. 근로관계의 이전

3-1. 전적에 따른 근로관계의 종료 여부
대상판결 : 대법원 1998.8.21. 선고, 97다18530 판결

I. 사건의 개요

기업은 인력의 재배치를 통해 경영효율을 꾀하려 하고, 이에 따라 인사이동의 법률문제가 생기게 된다. 특히 전적이라는 조치는 근로자 지위에 심대한 영향을 미치게 되고 보통 근속기간의 다툼을 주된 쟁점으로 한 퇴직금분쟁으로 마감하곤 한다. 평석 대상 판결 역시 바로 이 전적과 퇴직금의 산정에 관한 것이다.

사안은 다양한 근로자와 많은 기업이 얽혀 있어 대단히 복잡다단한데 대략 다음과 같이 정리할 수 있겠다. 첫 번째 그룹의 근로자들은 한국기계(1963년) → 신진그룹(1969년) → 대우그룹(1976년 1월) → 대우중공업(1976.10.30. 대우기계와 합병하면서 상호 변경)으로 적을 변경하였다. 이들이 신진그룹에서 대우그룹으로 적을 옮기는 과정에서 1976.2.25. 회사와 노동조합은 모든 근로자가 1976.2.26.자로 사직원을 제출하여 회사를 퇴직하고 1976.3.1. 재입사하는 절차를 취하되 회사는 1969.6.12.을 기점으로 1976.2.26.까지의 근속기간에 대하여 퇴직금을 지급하기로 하는 내용의 협정을 체결하였다. 그 당시 회사에 근무하던 모든 근로자는 이 협정의 내용을 알고 있으면서도 전혀 이의를 제기하지 아니한 채 스스로 그 협정에 따른 절차를 이행한 바 있다. 그런데 이 근로자들 중 일부가 1994.1.1.자로 대우중공업을 퇴직하면서 퇴직금 산정기간은 신진그룹에 소속해 있던 때부터 기산해야 한다고 주장한 데서 문제가 생겼다.

두 번째 그룹의 근로자들은 동양미신(1970년 입사) → 동국정밀기계(1973.2.17.) → 대우기계(1973.6.22.) → 1976.10.30. 대우중공업에 흡수합병되면서 대우중공업 정기사업본부 소속으로 적을 변경하였다. 이 그룹에 속하는 근로자가 1994.1.1.자로 대우중공업을 퇴직하였는데, 퇴직금 산정기간은 동양미신에 소속해 있던 때부터 기산해야 한다고 주장한다.

세 번째 그룹의 근로자들은 대우바브콕(1978년 입사) → 대우정밀(1983.10.31) → 1985.1.1. 대우중공업에 인수되면서 대우중공업 소속으로 적을 변경하였다. 이 그룹에 속하는 근로자 일부가 1993-4년경에 대우중공업을 퇴직하면서 퇴직금 산정기간은 대우바브콕 입사 때로 보아야 한다면서 소송을 제기하였다. 이들은 대우중공업으로 승계될 때 대우정밀에서 퇴직하거나 퇴직금을 산정하는 데 근속기간을 중단할 의사없이 형식상 사직서를 제출하였는데 회사가 이를 알면서도 사직서를 제출받고 퇴직금을 지급한 경우여서 중간사직의 의사표시는 비진의표시 또는 통정허위표시로 무효라고 주장한다.

네 번째 그룹의 근로자는 대우기판(대우중공업의 자회사로 재봉기 등 판매를 전담할 목적으로 1976.11.6. 설립된 대우기계판매주식회사)에서 근무하다가 이 회사가 1983.7.1. 대우중공업에 인수되면서 소속이 바뀌게 되었다. 소송을 제기한 근로자는 1994년말 대우중공업에서 퇴직하면서 퇴직금 산정기간은 대우기판에 입사한 때로 보아야 한다고 주장한다. 그 근거는 자신이 대우중공업으로 적을 옮길 때 오로지 회사의 방침에 따라 중간퇴직하고 퇴직금을 수령하였을 뿐이기 때문이라고 한다.

이 사안을 놓고 원심에서는 거의 원고가 패소하였는데, 원고의 청구가 일부 받아들여지기도 하여 원고와 피고인 대우중공업이 모두 상고하였고 대법원의 판단을 기다리게 되었다.

Ⅱ. 판결 요지

대법원은 우선 전적의 법적 효력에 관하여 전적으로 근로관계는 단정된다는 이치를 확인하고 있다. 즉 대우정밀과 대우중공업이 영업양도계약을 체결하면서 근로자에 대한 퇴직금은 대우정밀에서 정산한 후에 대우중공업이 이를 인수하기로 약정했고, "그러한 사정을 알게 된 근로자들이 이에 동의하여 사직원을 제출하고 퇴직금을 받았다면 이는 근로자들의 자의에 의한 것이라고 보아야 할 것이지 단지 회사의 경영방침에서 연유하였다 하여 사직원 제출이 형식적인 것이었다고 단정하여서는 안 될 것"

이라고 한다. 이러한 이치는 근속수당이나 연차유급휴가수당의 계산 때 종전회사에서의 근속기간을 통산하여 왔다고 해도 그러한 사정과 퇴직금의 기초가 되는 계속근로연수를 산정하는 데서 재입사 때부터 기산하는 것은 별개의 문제라고 한 대법원 1996.4.26. 선고 95다2562, 2579 판결을 확인함으로써 더욱 분명해진다.

다만, 네 번째 그룹의 근로자와 관련하여 "원고가 당시 내심의 의사로는 사직할 의사가 없음에도 형식상 사직의 의사를 표시하고 다시 피고회사에 입사할 당시 피고회사도 이를 잘 알고 있으면서 형식상 원고로부터 사직서를 제출받고 퇴직금을 지급한 것으로 볼 것이어서 원고의 중간사직 의사표시는 비진의표시 또는 통정허위표시로서 무효라 할 것"이라고 판시하여 사실관계를 정확히 파악할 것을 요청하고 있다. 또한 "비록 원고가 중간퇴직시 퇴직금을 지급받았다고 하더라도 퇴직금 수령은 회사의 일방적인 방침에 따른 것이었던 점에 비추어 보면 원고가 사직서를 제출할 당시에 퇴직금 지급의 기초가 되는 근속기간만이라도 단절할 의사가 있었다고도 볼 수 없다"는 이치를 밝히고 있다.

그런데, 전적관계에 놓인 두 회사가 모회사와 자회사의 관계에 있을 때는 사정이 다르다고 판단하고 있다. 즉 "근로자가 법인격이 다른 계열기업으로 전적이 된 경우에는 그 계열기업들이 자회사와 모회사의 관계에 있다고 할지라도 종전기업에서의 근로관계는 단절되는 것이 원칙"이라고 밝히면서도, "모회사의 영업목적을 위해 설립되고 모회사의 경영방침에 따라 운영되던 자회사가 경영상태의 악화로 모회사의 방침에 의하여 해산되면서 그 사업이 모회사에 인수됨에 따라 자회사의 인적조직이 물적시설과 함께 모회사로 이관된 경우에는 그 것이 영업양도나 회사합병의 요건에는 해당하지 않는다고 하더라도 근로관계가 승계된다고 보아야 한다."는 견해를 주장하고 있다.

III. 평석

1. 사실문제와 법률문제

이 판결은 두 가지 차원에서 접근하여 이해할 필요가 있다. 그것은 법의 적용, 곧 재판이라는 것이 단순히 당사자가 주장하는 사실관계를 분명하게 정리한다고 해서 가능한 것도 아니고, 추상적인 법규범을 올바르게 해석한다고 해서 문제가 다 풀리는 것도 아니기 때문이다. 법의 적용은 사실의 정확한 확정과 법의 올바른 해석이 결합될 때 가능하다. 평석의 대상이 되는 판결은 그 전형적인 모습이라고 할 수 있겠다. 따라서 이 두 측면을 나누어 볼 필요가 있다.

하나는 전적의 법리에 관한 종래의 대법원 판례이론을 유지하고 있다는 측면이다. 따라서 이 부분과 관련해서는 법의 해석(법률문제)이 문제가 되는 게 아니라 사실의 확정(사실문제)이 문제가 된다. 사안에서 보는 바와 같이 중간퇴직을 하는 과정에서 근로자가 (그 동기야 어떻든) 스스로 중간퇴직을 한 것인지, 아니면 회사의 정책(강요)에 의해 마지못해 중간퇴직을 한 것인지 하는 문제이다. 문제가 된 네 가지 유형의 근로자집단에 대하여 판단이 나뉘이고, 어떤 경우에는 고등법원에서는 근로자의 중간사직의 의사표시가 비진의표시 또는 통정허위표시로 무효라고 판단한 반면 대법원은 근로자의 자의성을 인정하여 원심을 파기환송하기도 하여 사실을 확정하는 게 보통 어려운 일이 아님을 말해준다. 그러나 이러한 문제는 법관의 혜안을 바라는 수밖에 없고 평석의 대상이 될 문제는 아니다. 대법원이 파악하는 전적의 법리가 정당한지가 문제될 뿐이다.

다른 하나는 사업양도와 근로관계의 이전에 관한 문제이다. 학설·판례·행정해석은 사업양도로 근로관계는 이전된다고 보고 있는데, 이러한 법리는 타당한지, 대상 판결에서 그러한 법리의 변용을 보이는 것은 아닌지 하는 부분이다.

2. 전적의 법리

근로자가 행하는 일이 바뀌는 것을 통틀어 전직이라고 할 수 있는데 이 전직이라는 개념 속에는 업무의 변경을 의미하는 협의의 전직(전보), 근무장소의 변경을 의미하는 전근, 몸담고 있는 기업 자체의 변경을 의미하는 전적이 다 포괄되어 있다고 볼 수 있겠다. 이러한 전직 문제는 본래 사용자의 인사권한의 하나로 인정돼 왔다. 전직은 인사경영의 효율성을 기하기 위하여 경영의 한 요소로서 인력을 어떻게 배치할 것인가 하는 문제로 이해할 수 있기 때문이다. 그러나 또 다른 측면에서는 전직은 근로자의 근로생활에 미치는 영향이 적지 않다. 업무 자체의 경중이라는 문제를 비롯하여 생활의 근거 자체에 영향을 끼치는 경우도 있기 때문이다. 그만큼 근로자가 기업내에서 행하는 일(직무)은 근로조건의 중요한 부분이 된다.

이러한 이유로 학설과 판례는 이 두 주체의 이해관계를 조절하려고 하는 해석태도를 보여 왔는데, 대법원 1994.5.10. 선고, 93다47677 판결은 "근로자에 대한 전직이나 전보는 피용자가 제공하여야 할 근로의 종류와 내용 또는 장소 등에 변경을 가져온다는 점에서 피용자에게 불이익한 처분이 될 수 있으나 원칙적으로 사용자(인사권자)의 권한에 속하므로 업무상 필요한 범위 안에서는 상당한 재량을 인정하여야 하고 이것이 근로기준법 제27조(현행법 제23조) 제1항 또는 제105조(현행법 제111조)에 위반되거나 권리남용에 해당하는 특별한 사정이 없는 한 무효라고 할 수는 없다"고 정리한 바 있다. 그리고 전직처분이 정당한 인사권의 범위 내에 속하는지 여부를 판단하는 기준으로 전직명령의 업무상의 필요성과 전직에 따르는 근로자의 생활상 불이익과의 비교교량, 근로자 본인과의 협의 등 그 전직처분을 하는 과정에서 신의칙상 요구되는 절차를 거쳤는지의 여부를 제시하고 있다.

다만, 전적처분이 유효하기 위해서는 원칙적으로 근로자의 동의를 요하고 있다. 그것은 같은 기업 안에서의 이동을 의미하는 전보나 전근과는 달리 전적은 '종래에 종사하던 기업과의 근로계약관계를 합의해지하고 이적하게 될 기업과 새로운 근로계약을 체결하는 것'이므로 당사자의 동의(또는 동의에 준하는 것)없는 전적을 인정할 수는 없기 때문이다. 이러한 이치는 평석 대상 판결 이전에도 대법원 1993.1.26. 선고, 92다11695 판결이나 대법원 1996.5.10. 선고, 95다42270 판결 등에서 나타난 바 있다.

그런데 인사노무관리가 합리화하면서 사용자가 자의로 근로자를 전적시키는 경우는 그다지 찾아보기 어려운 현상이 되고 있고, 전적과 관련된 법적인 쟁점은 보통 퇴직금 산정에서 제기되고 있다. 이 사건에서처럼 근로자는 전적 전후를 통산하여 근속기간을 산정하여야 한다고 하고 사용자는 근속은 단절된 것으로 보아야 한다고 하면서 갈등을 보이는 것이다. 퇴직금액이 퇴직 당시의 평균임금에 근속기간을 곱한 금액으로 산정되고 있고, 임금은 그 속성상 (IMF사태라는 경제위기 속에서 예전과는 다른 모습을 보인 경우가 있기는 하지만) 해가 지날수록 늘어나기 때문에 근속기간을 어떻게 보느냐에 따라 그 액수는 크게 달라지는 것이고 그만큼 노사간에 갈등이 이는 것은 당연하다고 하겠다.

이 문제에 관해서 대법원은 전적으로 당해 근로자의 종전 기업과의 근로관계는 단절되고, 이적하게 될 기업이 당해 근로자의 종전 기업과의 근로관계를 승계하는 것은 아니라고 판시함으로써 근속기간의 산정은 전적과 함께 새롭게 시작하는 것임을 밝히고 있다. 이러한 이치는 전적이라는 것이 종전기업과의 근로관계를 합의해지하고 이적하게 될 기업과 사이에 새로운 근로계약을 체결하는 것이기 때문이다. 결국 이 문제는 전적의 유효성 여부로 환원된다. 유효한 전적이라면 근로계약관계는 단절되는 것이고 전적이 무효라면 종전기업과의 근로계약관계 역시 단절되지 않는다. 이러한 법리는 중간퇴직 문제와 관련된 일련의 법원 판결에서도 확인된다. 예컨대 퇴직금제도가 누진제에서 단수제로 바뀌자 근로자들이 중간퇴직을 하고 퇴직금을 수령한 동양맥주 사건에서 대법원은 "그 근로자들과 회사 사이의 근로계약관계는 그 중간퇴직에 의하여 일단 종료되었다고 봄이 상당하고, 그 근로자들의 퇴직의 의사표시를 통정 허위표시 또는 비진의표시로서 무효라고 볼 수는 없다"(대법원 1996.4.26. 선고, 95다2562, 2579 판결)고 밝히고 있다. 따라서 근로자의 전적의사표시가 통정 허위표시나 비진의표시일 때는 전적 자체가 무효가 되고 착오나 사기, 강박에 의한 의사표시일 때는 취소를 할 수 있다고 보아야 하겠지만, 그렇지 않은 보통의 경우에는 전적 자체는 유효하고 따라서 종전 기업과의 근로계약관계는 단절되는 것으로 보아야 한다.

물론 이러한 법리는 당사자 사이에 아무런 계약(합의)이 없을 때 그러하다는 것이고 계약자유의 원칙에 비추어 전적계약에 종전 기업과의 근로관계를 승계하기로 하는 특약이 있거나 이적하게 될 기업의 취업규칙 등에 종전 기업에서의 근속기간을 통산하도록 하는 규정이 있을 때는 당연히 그러한 규정이 우선적용된다.

3. 사업양도의 법리

평석 대상 판결은 모기업의 일부 사업 부문이 상법상의 영업양도에 해당하는 요건을 갖추지 못하였다 하더라도 인적 조직 및 물적 시설은 해체됨이 없이 동일성을 유지하면서 계열회사에 이관되었고 그에 따라 그 소속 근로자들이 회사방침에 의하여 중간퇴직을 하고 퇴직금을 수령한 후 신규 입사절차를 밟은 경우, 그 중간퇴직은 통정허위표시로서 무효이므로 근로자의 모기업과 계열회사에서의 각 근무는 단절됨이 없이 근로의 계속성이 유지된다고 본 대법원 1997.6.27. 선고, 96다49674 판결을 인용하여, 모회사의 경영방침에 따라 운영되던 자회사가 모회사에 인수됨에 따라 자회사의 인적조직이 물적시설과 함께 모회사로 이관된 경우에는 그것이 영업양도나 회사합병의 요건에는 해당하지 않는다고 하더라도 근로관계가 승계된다고 본다. 이러한 결론은 적절한가.

사업양도란 '사용자가 근로자와 함께 물적·비물질적 수단을 사용하여 노동기술적 목적을 계속적으로 추구하는 조직적인 통일체'를 '그 동일성을 유지하면서 일체로서 이전하는 행위'라고 정의할 수 있겠는데, 학설·판례·행정해석은 사업양도로 근로관계는 승계된다고 해석한다. 달리 말하자면, 사업양도인 경우에는 근로관계가 승계되지만 그렇지 않은 경우에는 반드시 고용승계가 이루어지는 것은 아니다. 따라서 사업양도에 해당하느냐 그렇지 않으냐의 판단이 중요한 관건이 된다.

사업양도시 근로관계의 이전을 인정하는 배후에 깔려 있는 사고는, 사업의 양도가 이루어지면 기존의 사업주, 즉 양도인에 대하여 근로자는 통상적으로 근로를 제공할 수 없다는 것을 전제로 하고 있다. 물적·비물질적 사업수단이 양도되면, 즉 사업의 기초가 양도되면 기존의 사업주에 대한 취로가능성은 사실상 소멸되는 것이다. 그런데 이 경우에 기존의 업무는 당연히 소멸하는 것이 아니라 양수인에게 그대로 이전된다. 이러한 취로가능성이 사실상 그대로 유지되는 경우, 즉 '업무의 동일성'이 유지되는 경우에는 근로관계의 이전을 인정함으로써 근로관계의 존속을 보호하고자 하는 데에 규범의 목적이 있는 것이다. 따라서 양수인이 취득한 사업수단을 투입하여 새로운 업무를 새로이 창출하여야 한다면 사업양도는 인정되지 않을 것이다.

여기에서 사업의 동일성은 사업의 계속운영가능성으로 파악되어야 하며, 본질적 사업수단의 양도라는 점과 사업으로서의 기능능력을 가진 채 양도되어야 한다는 두가지 요건이 갖추어지면 사업양도에 해당한다고 볼 수 있다.

사업의 동일성이 인정되기 위한 첫 번째 요건은 단순한 사업재산이 양도되는 것만으로는 부족하고 '본질적' 사업수단이 양도되어야 한다는 것이다. 그러나 반드시 전체 사업수단이 모두 양도될 필요는 없다. 이 경우 사업수단의 '본질성'은 사업의 성질에 따라 달리 판단되어야 한다.

사업양도가 인정되기 위한 두 번째 요건은 사업재산이 기능관련성을 가지고 양도되어야 한다는 것이다. 즉 사업은 기능능력을 유지한 채 양도되어야 한다. 본질적인 사업수단이 양도된다고 하여도 당해 사업수단이 기능관련성을 상실한 채 양도되면 사업양도가 아니라 새로운 사업의 설립에 불과하다. 그런데 사업의 기능능력의 판단에 있어서는 근로관계를 포함하여 판단하여야 한다. 따라서 본질적 사업수단만이 양도되고 근로관계가 일체 인수되지 않은 경우에는 사업양도가 인정되지 않는다. 그러나 근로관계의 전부가 이전되어야 하는 것은 아니다. 사업으로서 기능을 유지하기에 족한 정도로 근로관계가 이전되면 족하다.

사업양도 이후 양수인이 사업의 목적을 변경하는지 또는 기존의 목적을 그대로 유지하는지에 대한 양수인의 양수목적은 사업양도의 인정과는 무관하다. 사업양도에 있어서 사업의 동일성은 '객관적' 계속운영가능성을 의미하기 때문이다.

이렇듯 사업양도로 근로관계 역시 이전된다. 그런데 사업양도로 근로관계도 이전된다고 하면서도 학자에 따라서 그 내용은 조금 다르게 이해하고 있다. 이 문제는 사업양도계약의 당사자인 양도인과 양수인이 사업양도 때 일부의 근로자를 근로관계 이전의 대상에서 배제할 것을 명시적으로 합의한 경우 그러한 합의가 유효한지 여부에 대한 이른바 당연승계설과 원칙승계설의 대립으로 나타난다. 그러나 이 두 견해가 지평을 아주 달리하는 것은 아니고 해고의 효력을 다투는 근로자까지 포섭할 것인가 말 것인가 하는 차이일 뿐이다.

요컨대 외양이 어떠한 것이든 그 내실이 합병이나 사업양도에 해당하면 근로관계는 이전된다는 것이고, 그러한 차원에서의 검토가 필요하다. 그런데 대법원은 그러한 법리를 전개하면서도 전적과 관련해서는 모기업과 자기업에 한해서, 더욱이 이 경우에는 그 내실을 따지지 않고 근로관계의 이전이라는 결론을 내리고 있다. 이러한 결론은 문제가 된 사안에서 근속이 이어진다는 결론을 뒷받침하기 위한 것으로 이해되기는 하나, 사업양도 법리의 왜소화라는 결과를 초래할 우려도 크다 하겠다.

3-2. 전적처분의 요건과 효과
대상판결 : 대법원 1996.5.10. 선고, 95다42270 판결

I. 사건의 개요

원고 최순호는 피고 회사 회사인 대한방직(주)의 사원으로 일하다가 정년퇴직한 사람이다. 원고는 1973.3.1. 대한방직그룹내의 계열기업인 피고 회사에 입사하였다가 1981.4.1. 동 그룹의 계열회사인 소외 대한종합개발(주)(이하 '소외 회사')로 전적(轉籍)하였고, 1983.3.21. 다시 피고 회사로 전적하여 일하던 중 정년을 맞이하게 되었다.

원고가 소외 회사로 전적하게 된 동기는 당시 소외 회사가 아프리카 모리타니아에서 해외 건설공사를 수주하게 되자 해외 건설현장에서 근무할 지원자를 그룹내 계열기업 소속 직원들을 상대로 모집하였고, 피고 회사도 해외근무를 마친 직원들에게는 원래 근무한 원직에 복귀할 수 있고 직급과 호봉에도 아무런 손해를 보지 않도록 약속하였다는 데 있었다.

해외근무를 결심한 원고는 1981.3.31. 피고 회사에 사직서를 제출하고 퇴직금 335만 5,933원을 수령한 다음 같은 해 4월 1일 소외 회사에 입사하여 같은 달 10일경부터 소외 회사의 해외 건설공사 현장에서 피고 회사에서보다 한 직급 높은 과장대리로 근무해 오다가 1983년 2월경 해외근무를 마치고 귀국하였다. 귀국후 원고는 피고 회사의 대구공장에서 근무하겠다는 의사를 표시하였고 피고 회사도 당초 약속대로 원고를 원래의 직급인 주임급의 경비원으로 근무토록 하였다. 원고는 1983.3.18. 퇴직금 178만 7,690원을 받고 소외 회사를 퇴직하는 한편 같은 해 3월 21일부터 피고 회사의 경비원으로 근무하여 오다가 1992.1.21. 정년퇴직하였다.

그런데 원고의 퇴직금액의 산정방법에 관하여 원고와 피고 회사 사이에 의견의 대립이 생기게 되었고 급기야는 소송으로 발전하기에 이르렀다. 원고는 전적의 전후를 포함한 그룹내에서의 근무기간을 모두 합하여 근속기간을 산정하여야 한다고 주장하는 데 반하여 피고 회사는 원고의 자발적인 의사에 기한 전적(및 퇴직금 수령)이므로 1983년 이후의 근무기간만을 퇴직금 산정의 기초로 인정하여야 한다고 항변한다.

원심(대구고법 1995.8.23. 선고, 95나833 판결)은 원고의 피고 회사 사원으로서의 근무와 소외 회사에서의 근무는 근로관계의 계속성이 단절됨이 없이 그대로 유지되는 단일기간의 근무라고 판단하고, 원고가 피고 회사의 사원으로 최초로 입사한 1973.3.1.부터 정년퇴직한 1992.1.21.까지의 전 기간을 원고의 근속기간으로 보아 이를 토대로 원고의 퇴직금을 산정하였다. 원심의 이러한 판단은 피고 회사가 원고의 재입사 후에 있어서의 직급과 호봉을 산정하면서 소외 회사에서의 근무기간을 포함시켰다는 점과 1983년 8월경 피고 회사의 회사 창업 30주년을 기념하는 자리에서 원고가 10년 이상 근속한 직원들에게 주어지는 10년 근속상을 받았다는 점을 중시한 것으로 보인다. 피고 회사는 원심판결에 불복하여 대법원에 상고하게 된다.

Ⅱ. 판결 요지

대법원은 우선 전적의 유효요건에 관하여 전적은 원칙적으로 근로자의 동의를 얻어야 효력이 생긴다고 하면서 "다만, 다양한 업종과 업태를 가진 계열기업들이 자본·임원의 구성·영업활동 등에 있어서 어느 정도 밀접한 관련성을 갖고 경제활동을 전개하는 기업그룹 내의 계열기업 사이의 전적에 있어서는 미리 전적할 계열기업을 특정하고 그 기업에서 종사하여야 할 업무에 관한 사항 등의 기본적인 근로조건을 명시하여 사전동의를 얻은 경우나 기업그룹 내에서 근로자의 동의를 얻지 아니하고 다른 계열기업으로 전적시키는 관행이 있어서 그와 같은 관행이 기업 내에서 일반적으로 근로관계를 규율하는 규범적 사실로 명확하게 승인되거나 기업의 구성원이 일반적으로 아무런 이의를 제기하지 아니한 채 당연한 것으로 받아들여 기업 내에서 사실상의 제도로 확립되어 있어 근로계약의 내용을 이루는 것으로 인정되는 경우처럼, 특별한 사정이 있는 경우에 한하여 근로자의 구체적 동의를 얻지 아니하더라도 근로자를 다른 계열기업으로 유효하게 전적시킬 수 있다"고 밝히고 있다.

이어서 전적의 효과와 관련하여 대법원은 종전기업과의 근로관계를 합의해지하고 이적하게 될 기업과 사이에 새로운 근로계약을 체결한다고 하는 전적의 속성상 유효한 전적이 이루어진 경우에는 "당사자 사이에 종전 기업과의 근로관계를 승계하기로 하는 특약이 있거나 이적하게 될 기업의 취업규칙 등에 종전 기업에서의 근속기간을 통산하도록 하는 규정이 있는 등의 특별한 사정이 없는 한 당해 근로자의 종전 기업과의 근로관계는 단절되고, 이적하게 될 기업이 당해 근로자의 종전 기업과의 근로관계를 승계하는 것은 아니"라고 판시하고 있다.

이 사건에서 원고의 두 차례에 걸친 전적은 모두 자신의 희망에 따른 것이었고 퇴직금까지 수령한 이상 종전 기업과의 근로관계는 단절되는 게 당연하다는 판단이다. 그리고 피고 회사 회사가 원고를 재입사시키면서 직급과 호봉 산정에서 소외 회사에서의 근무기간을 포함시킨 것은 단지 해외근무 지원자를 모집할 당시의 원고와의 약속에 따른 것일 뿐이라고 판단한다. 10년 근속상도 그룹차원에서 그룹내의 계열기업에서 근무한 모든 기간을 통산하여 10년 이상 근속한 근로자를 표창하기 위하여 수여한 것에 따른 것이지 근로관계를 승계하는 것을 의미하는 것은 아니라고 한다.

III. 평석

1. 전적처분의 유효요건

근로자가 기업내에서 행하는 일(직무)은 근로조건의 중요한 부분이 된다. 그 일이 하기 쉬운 일인지 어려운 일인지, 사회적 평가가 어떤지 등등의 문제인데 3D업종이라고 하는 용어도 이제는 누구나 이해하고 있는 관용어가 된 지 오래다. 근로자가 행하는 일이 바뀌는 것을 통틀어 전직이라고 할 수 있는데 이 전직이라는 개념 속에는 업무의 변경을 의미하는 협의의 전직(전보), 근무장소의 변경을 의미하는 전근, 몸담고 있는 기업 자체의 변경을 의미하는 전적이 다 포괄되어 있다고 볼 수 있겠다. 이러한 전직 문제는 본래 사용자의 인사권한의 하나로 인정돼 왔다. 전직은 인사경영의 효율성을 기하기 위하여 경영의 한 요소로서 인력을 어떻게 배치할 것인가 하는 문제로 이해할 수 있기 때문이다. 그러나 또 다른 측면에서는 전직은 근로자의 근로생활에 미치는 영향이 적지 않다. 업무 자체의 경중이라는 문제를 비롯하여 생활의 근거 자체에 영향을 끼치는 경우도 있기 때문이다.

이러한 이유로 학설과 판례는 이 두 주체의 이해관계를 조절하려고 하는 해석태도를 보여 왔는데 1994년의 대우금속 사건에서 "근로자에 대한 전직이나 전보는 피용자가 제공하여야 할 근로의 종류와 내용 또는 장소 등에 변경을 가져온다는 점에서 피용자에게 불이익한 처분이 될 수 있으나 원칙적으로 사용자(인사권자)의 권한에 속하므로 업무상 필요한 범위 안에서는 상당한 재량을 인정하여야 하고 이것이 근로기준법 제27조 제1항 또는 제105조에 위반되거나 권리남용에 해당하는 특별한 사정이 없는 한 무효라고 할 수는 없다"고 정리한 바 있다(대법원 1994.5.10. 선고, 93다47677 판결). 그리고 전직처분이 정당한 인사권의 범위 내에 속하는지 여부를 판단하는 기준으로 전직명령의 업무상의 필요성과 전직에 따르는 근로자의 생활상 불이익과의 비교교량, 근로자 본인과의 협의 등 그 전직처분을 하는 과정에서 신의칙상 요구되는 절차를 거쳤는지의 여부를 제시하고 있다.

다만, 전적처분이 유효하기 위해서는 원칙적으로 근로자의 동의를 요하고 있다. 그것은 같은 기업 안에서의 이동을 의미하는 전보나 전근과는 달리 전적은 '종래에 종사하던 기업과의 근로계약관계를 합의해지하고 이적하게 될 기업과 새로운 근로계약을 체결하는 것'이므로 당사자의 동의(또는 동의에 준하는 것)없는 전적을 인정할 수는 없기 때문이다. 이 사건 대법원판결도 이러한 이치를 받아들여 1993년의 대우캐리어 사건 대법원판결(대법원 1993.1.26. 선고, 92다11695 판결)을 원용하고 있다.

2. 전적처분의 효과

그런데 인사노무관리가 합리화하면서 사용자가 자의로 근로자를 전적시키는 경우는 그다지 찾아보기 어려운 현상이 되고 있고, 전적과 관련된 법적인 쟁점은 보통 퇴직금 산정에 관하여 제기되고 있다. 이 사건에서처럼 근로자는 전적 전후를 통산하여 근속기간을 산정하여야 한다고 하고 사용자는 근속은 단절된 것으로 보아야 한다고 하면서 갈등을 보이는 것이다. 퇴직금액이 퇴직 당시의 평균임금에 근속기간을 곱한 금액으로 산정되고 있고, 임금은 그 속성상 해가 지날수록 늘어나기 때문에 근속기간을 어떻게 보느냐에 따라 그 액수는 크게 달라지는 것이고 그만큼 노사간에 갈등이 이는 것은 당연하다고 하겠다.

이 문제에 관해서 대법원은 전적으로 당해 근로자의 종전 기업과의 근로관계는 단절되고, 이적하게 될 기업이 당해 근로자의 종전 기업과의 근로관계를 승계하는 것은 아니라고 판시함으로써 근속기간의 산정은 전적과 함께 새롭게 시작하는 것임을 밝히고 있다. 이러한 이치는 전적이라는 것이 종전기업과의 근로관계를 합의해지하고 이적하게 될 기업과 사이에 새로운 근로계약을 체결하는 것이기 때문이다. 결국 이 문제는 전적의 유효성 여부로 환원된다. 유효한 전적이라면 근로계약관계는 단절되는 것이고 전적이 무효라면 종전기업과의 근로계약관계 역시 단절되지 않는다. 이러한 법리는 중간퇴직 문제와 관련된 일련의 법원 판결에서도 확인된다. 예컨대 퇴직금제도가 누진제에서 단순제로 바뀌자 근로자들이 중간퇴직을 하고 퇴직금을 수령한 동양맥주 사건에서 대법원은 "그 근로자들과 회사 사이의 근로계약관계는 그 중간퇴직에 의하여 일단 종료되었다고 봄이 상당하고, 그 근로자들의 퇴직의 의사표시를 통정 허위표시 또는 비진의표시로서 무효라고 볼 수는 없다"(대법원 1996.4.26. 선고, 95다2562, 2579 판결)고 밝히고 있다. 따라서 근로자의 전적의사표시가 통정 허위표시나 비진의표시일 때는 전적 자체가 무효가 되고 착오나 사기, 강박에 의한 의사표시일 때는 취소를 할 수 있다고 보아야 하겠지만, 그렇지 않은 보통의 경우에는 전적 자체는 유효하고 따라서 종전 기업과의 근로계약관계는 단절되는 것으로 보아야 한다.

물론 이러한 법리는 당사자 사이에 아무런 계약(합의)이 없을 때 그러하다는 것이고 계약자유의 원칙에 비추어 전적계약에 종전 기업과의 근로관계를 승계하기로 하는 특약이 있거나 이적하게 될 기업의 취업규칙 등에 종전 기업에서의 근속기간을 통산하도록 하는 규정이 있을 때는 당연히 그러한 규정이 우선적용된다. 이 사건에서 남아 있는 논점은 이러한 특별합의(규정)가 있느냐 없느냐 하는 것이다. 원심은 합의가 있다고 보았고 대법원은 없다고 결론을 내렸다. 일견 직급과 호봉 산정에서 종전기업에서의 근무기간을 인정받았다든가 10년 근속상을 받은 점으로 보아 근속기간을 통산한다는 묵시의 합의가 있었다고도 볼 수 있겠다. 그러나 사실관계를 더욱 세밀하게 따져보면 종전기업에서의 근무기간의 인정은 새 직장에서의 근로조건 결정의 한 준거를 삼았다는 것일 뿐이고 10년 근속상 역시 그룹 차원에서의 장기근속에 대한 표창을 의미할 뿐이다. 따라서 이 사건 대법원 판결은 합당한 결론을 내린 것으로 여겨진다. 다만, 규정을 분명히 정해 두지 않고 불분명한 합의를 한 피고 회사의 인사노무관리상의 미비점은 비난의 여지가 없지 않다.

3-3. 사업양도와 고용승계
대상판결 : 대법원 2002.3.29. 선고, 2000두8455 판결

I. 머리말

1990년대 이후 기업합리화 조치의 일환으로 합병과 영업양도 등 기업조직의 변경이 눈에 뜨이게 늘어나고 있다. 기업의 인수·합병(소위 M&A)은 사업의 확대와 강화를 위한 주요전략으로 구사되고 있을 뿐만 아니라 이를 중개하는 사업도 점차 늘어나고 있다. 기업은 자본집중에 의한 이윤추구라는 본래의 목적을 달성하기 위하여 자체의 기술혁신이나 경영합리화를 도모하는 것에 만족하지 않고 생산비 절감, 규모의 경제 실현, 시장의 독점, 각종 조세의 감면 등 여러 가지 경제적 이득을 좇아 다른 회사와 결합하려고 한다. 특히 IMF사태라는 예전에 겪어보지 못했던 경제위기를 맞이하여 기업의 인수·합병은 선택항목이 아니라 반드시 거쳐야 할 과정으로 여겨지고, 정부정책도 이를 강력하게 추진한 바 있다.

그런데 기업조직에 변화가 오면 노동자의 신분에도 중대한 변화를 초래한다. 종전에 소속하던 회사와는 다른 회사로 소속이 바뀌는 데 따른 정체성(identity) 혼란이라는 문제가 나타나기 쉽고 새 회사에서의 근로조건이 전과는 달라질 수도 있다. 따라서 조직변경을 하는 데는 관계회사 소속 노동자들을 어떻게 대우할 것인지 하는 인사·노무 문제가 중요한 현안으로 등장하게 된다.

관련 기업의 종업원들의 근로조건 기타 처우를 어떻게 통일시키고 어떻게 변경할 것인지, 취업규칙은 어떻게 정비할 것인지 하는 문제가 과제로 대두된다(특히 업종이 다른 기업간에 결합을 하는 경우에는 더욱 그러하다). 이들 문제는 한 마디로 관계 기업의 종업원들의 근로계약관계가 어떻게 되는가 하는 문제라고 할 수 있겠다. 더욱이 은행의 합병이 곧 수많은 은행원들의 해고를 의미하였듯이 기업조직의 변동은 근로자의 근로생활에 결정적인 영향을 미치고 있다. 그 때문에 오늘날 근로자들의 최대관심사는 어떻게 일자리를 보전하는가 하는 것인데, 불행하게도 하루 아침에 일자리를 잃어버리는 사태를 맞이하는 예도 없지 않다.

이러한 상황 속에서 기업조직의 격변과 함께 그에 따른 근로자 지위의 변동을 어떻게 바라보아야 할지 심각하게 고민하지 않을 수 없다. 우리 노동법학계에 당장 눈앞에 다가온 과제는 기업의 존속과 근로자의 근로생활 유지를 어떻게 조화시킬지 하는 문제일 것이다. 이러한 문제의식을 가지고 기업조직이 변동하는 모습으로서 기업의 합병과 인수, 분할 그리고 사업의 양도에 따르는 노동법상의 문제를 검토해보고자 한다. 특히 기업조직의 변동에 따른 고용조정수단으로서의 경영상 이유에 의한 해고의 당부가 검토대상이 된다. 대상판결을 소재로 하여 구조조정과 고용의 문제를 생각해 보자.

Ⅱ. 사건의 개요

동해 주식회사는 자동차에 필요한 릴레이, 유니트, 카스테레오 등 전기기계장치 부품을 생산하는 회사인데, 1986. 12.경부터 일본의 오므론 주식회사와 기술 제휴하면서 1991. 12. 12. 동해(주)가 35%, 일본의 오므론 주식회사가 65%의 자본금을 각 출자하여 피고보조참가인 회사를 설립하였다. 동해(주)의 영업부문은 자동차부품 중 릴레이, 유니트 등을 생산하는 전장사업부와 카스테레오를 생산하는 전자사업부로 구분되는데, 동해(주)는 1996.경부터 전자사업부의 생산라인을 중국 남양사로 이전하기 시작하여 1996. 8.경에는 전자사업부 소속 생산직 사원 전원을 전장사업부로 배치한 이후 자재부 직원 일부가 자재 충당을 위하여 전자사업부의 업무까지 병행하였을 뿐 국내에서의 카스테레오 생산을 사실상 중단하였다. 동해(주)는 1997.말부터 시작된 외환위기와 고금리 및 자동차 수요의 감소로 회사 경영이 어려워지면서 부도위기에 직면하자, 1998. 3. 20. 참가인 회사와 사이에 동해(주)의 전장사업부문과 관련된 일체의 자산을 271억 원에 매도하는 내용의 자산매매계약을 체결하였는다. 그 주요 내용은, 매매물건으로 동해(주)는 참가인 회사에게 토지와 건물, 기계장치, 공기구·비품, 차량운반구, 재고자산, 리스자산, 이전기술 및 영업권 등을 매도하고 참가인 회사는 동해(주)로부터 이를 매수하기로 하였다.

동해(주)는 전장사업부 소속 종업원을 대상으로 참가인 회사로의 입사희망 여부를 조사하여 그 결과를 채용 전형에 필요한 인사자료와 함께 참가인 회사에게 통보하고, 참가인 회사는 직무조사를 통하여 매매물건의 운영에 필요한 기준인원을 산정하고 소요인력을 충원함에 있어서 공개채용절차에 의거 기준인원의 범위 내에서 신규채용하되 동해(주)가 통보한 입사희망자를 가급적 위 매매물건 인수 전에 채용하도록 우선적으로 고려키로 하였다. 동해(주)는 참가인 회사의 채용 전형에 합격한 자에 대하여 자신의 비용과 책임하에 근로관계를 종료시키고 퇴직금 등 모든 금전사항을 1998. 4. 30.까지 정산처리하여야 하나 참가인 회사는 위 매매물건 인수와 관련하여 동해(주)의 종업원을 인수할 의무를 부담하지 아니하고, 참가인 회사의 위탁에 따라 동해(주)가 전장사업부문에 종사하는 것을 제외하고 별도의 합의가 없는 한 동해(주)는 1998. 3. 20.부터 10년 간 양도하는 영업과 동종 또는 유사한 영업행위를 하여서는 안 되기로 하였다. 동해(주) 노동조합은 위 자산매매계약 체결사실을 알고 1998. 3. 23. 동해(주)와 사이에 노사협의회를 갖고 근로관계, 노조 승계 및 단체협약 유지 등을 요구하였으나 노사간의 의견차이로 아무런 합의점을 찾지 못하고 결렬되었다. 이에 동해(주)는 1998. 3. 25. 사내통신문을 통해 전장사업부 소속 근로자들에게 '동해(주)에 대한 사직서, 참가인 회사로의 입사신청서 및 동해(주)가 체불한 설 상여금 100% 삭감동의서가 함께 있는 서면(재취업신청서)을 개인별로 작성하여 제출할 것'을 통보하였다. 동해(주) 노동조합은 1998. 3. 26. 및 1998. 3. 27. "동해(주)가 근로자들로 하여금 개별적으로 취업신청을 하게 하거나 일방적으로 사직 및 상여금 삭감에 동의하도록 하는 것은 부당하다."고 주장하며 전 조합원의 일괄 고용승계를 요구하였다. 동해(주)는 이러한 노동조합의 요구에도 불구하고 1998. 3. 30.까지 모두 176명으로부터 개별적으로 재취업신청서를 제출 받아 이를 참가인 회사에 통보하였고, 참가인 회사는 동해(주)로부터 근로자 176명이 제출한 재취업신청서를 넘겨받아 선별 없이 1998. 4. 1.자로 모두 신규채용하였다. 그런데 동해(주) 노동조합의 조합원들인 원고들을 포함한 9명은 동해(주)에 대하여 일괄 고용승계, 상여금 삭감 반대 등을 주장하며 연장된 기한인 1998. 3. 31.까지 재취업신청서를 제출하지 않다가 1998. 4. 4.에 이르러 비로소 이를 제출하였으나, 동해(주)는 제출기한 도과를 이유로 원고들을 포함한 9명의 신청서를 모두 반려하였다. 이에 따라 원고들을 포함한 9명은 참가인 회사에 입사할 수 없게 되었고, 소송을 제기하기에 이른 것이다.

참가인 회사는 위 자산매매계약에 기하여 동해(주)의 전장사업부문의 모든 자산을 양수하는 한편, 동해(주) 소속 근로자들만을 신규채용의 형식으로 다시 고용하여 그들이 동해(주)에서 일하고 있던 부서와 동일한 부서(그 명칭은 상이하나 업무 내용은 동일하다)에 같은 직급으로 발령하여 이전의 업무를 계속 수행하도록 하였으며, 그 후 동해(주)의 2부문 10팀의 조직체계를 5센터 19그룹 1팀으로 변경하고 인원, 설비, 사무실을 재배치하는 등으로 다품종 소량생산 체제를 도입하여 동해(주)가 생산하던 품목에 70개를 추가하여 총 462개 품목을 생산하고 있다.

Ⅲ. 판결 요지

(1) 영업의 양도라 함은 일정한 영업목적에 의하여 조직화된 업체 즉, 인적·물적 조직을 그 동일성은 유지하면서 일체로서 이전하는 것으로서 영업의 일부만의 양도도 가능하고, 이러한 영업양도가 이루어진 경우에는 원칙적으로 해당 근로자들의 근로관계가 양수하는 기업에 포괄적으로 승계되는 바, 여기서 영업의 동일성 여부는 일반 사회관념에 의하여 결정되어져야 할 사실인정의 문제이기는 하지만, 문제의 행위(양도계약관계)가 영업의 양도로 인정되느냐 안 되느냐는 단지 어떠한 영업재산이 어느 정도로 이전되어 있는가에 의하여 결정되어져야 하는 것이 아니고 거기에 종래의 영업조직이 유지되어 그 조직이 전부 또는 중요한 일부로서 기능할 수 있는가에 의하여 결정되어져야 하는 것이므로, 예컨대 영업재산의 전부를 양도했어도 그 조직을 해체하여 양도했다면 영업의 양도는 되지 않는 반면에 그 일부를 유보한 채 영업시설을 양도했어도 그 양도한 부분만으로도 종래의 조직이 유지되어 있다고 사회관념상 인정되면 그것을 영업의 양도라 볼 것이다.

(2) 자산매매계약의 매수인이 매도인인 자동차부품 생산기업으로부터 전장사업부문을 영업목적으로 하여 일체화된 물적·인적 조직을 그 동일성을 유지한 채 포괄적으로 이전받음으로써 영업을 양수하였다.

(3) 영업이 양도되면 반대의 특약이 없는 한 양도인과 근로자 사이의 근로관계는 원칙적으로 양수인에게 포괄적으로 승계되고, 영업양도 당사자 사이에 근로관계의 일부를 승계의 대상에서 제외하기로 하는 특약이 있는 경우에는 그에 따라 근로관계의 승계가 이루어지지 않을 수 있으나, 그러한 특약은 실질적으로 해고나 다름이 없으므로 근로기준법 제30조 제1항 소정의 정당한 이유가 있어야 유효하며, 영업양도 그 자체만을 사유로 삼아 근로자를 해고하는 것은 정당한 이유가 있는 경우에 해당한다고 볼 수 없다.

(4) 영업양도에 의하여 양도인과 근로자 사이의 근로관계는 원칙적으로 양수인에게 포괄승계되는 것이지만 근로자가 반대의 의사를 표시함으로써 양수기업에 승계되는 대신 양도기업에 잔류하거나 양도기업과 양수기업 모두에서 퇴직할 수도 있는 것이고, 영업이 양도되는 과정에서 근로자가 일단 양수기업에의 취업을 희망하는 의사를 표시하였다고 하더라도 그 승계취업이 확정되기 전이라면 취업희망 의사표시를 철회하는 방법으로 위와 같은 반대의사를 표시할 수 있는 것으로 보아야 한다.

(5) 근로자가 제출한 사직서가 비록 형식적으로는 양도기업을 사직하는 내용으로 되어 있더라도 실질적으로는 양수기업에 대한 재취업 신청을 철회 또는 포기함과 아울러 양도기업을 사직하는 의사를 담고 있는 것이라고 봄이 상당하다.

Ⅳ. 평석

근로기준법에 정리해고가 명문화되기 전에는 판례법리를 통하여 기업조직의 변동에 따른 정리해고가 정당한지를 논의해왔는데 현행법에는 명문의 규정을 두어 이를 해결하고 있어 제정법의 정확한 해석이 노동법학의 과제로 떠오르고 있다. 그런데 근로기준법 제31조(현행법 제24조) 1항 2문은 '경영악화를 방지하기 위한' '사업의 양도·인수·합병'은 긴박한 경영상의 필요가 있는 것으로 본다는 것을 규정하고 있을 뿐이어서 정리해고의 네 가지 요건 중 '긴박한 경영상의 필요'를 부언하고 있다는 의미 이외에는 다른 아무것도 얘기해주는 바가 없다. 이하 이 조항의 해석을 중심으로 나머지 세 가지 요건을 아울러 검토하면서 사업의 양도·인수·합병과 근로관계의 승계문제를 짚어본다.

1. 경영악화를 방지하기 위한 '사업의 양도·인수·합병'

1) '사업의' 양도·인수·합병

우선 사업의 양도·인수·합병의 의미를 밝히는 작업이 필요하다. 상법학에서는 경영학상의 기업매수(M&A; merger & Acquisition)라는 용어를 차용하여 널리 다른 회사의 경영지배권을 취득하기 위하여 거래하는 것을 총칭하곤 한다. 이 기업매수의 수단으로 보통 합병, 상대방회사의 주식의 매수 및 의결권대리행사의 위임장(proxy) 취득이 있고, 더 넓게는 영업의 양수도 포함한다고 설명한다.[1] 이와 같이 종전에는 기업의 이전을 의미하는 상법상의 영업양도라는 개념만을 쓰고 있었을 뿐인데 현행법에서 이 사업양도라는 용어를 법제화하였다는 것은 기업(또는 영업)과 사업이라는 것을 구분하고자 하는 입법자의 의도를 읽을 수 있다.[2]

사업의 개념을 분명히하기 위해서는 우선 사업과 기업의 차이를 파악해야 한다. 사업과 기업은 일반적으로 목적의 면에서 구별된다. 사업은 노동기술적 목적을 달성하기 위한 조직적 통일체인 반면, 기업은 경영적 또는 관념적 목적을 달성하기 위한 조직적 통일체이다.[3] 따라서 사업과 기업은 개념상 구별된다. 사업양도의 차원에서는 기업이 하나의 사업으로 구성되어 외관상 양자가 일치하는 경우에도 근로관계의 이전이라는 사업양도의 법적 효과라는 측면에서는 기업양도와 사업양도를 개념적으로 구별할 필요가 있다. 예컨대 기업의 일부 구성요소가 제외되면서 양도되는 경우에 그 제외되는 구성요소가 '기업'에만 관련되는 요소인지 또는 '사업'과 직접적으로 관련되는 요소인지를 구별하여야 한다. 따라서 사업양도를 논할 때의 사업개념은 '사용자가 노동자와 함께 물적·비물질적 수단을 사용하여 노동기술적 목적을 계속적으로 추구하는 조직적인 통일체'라고 정의할 수

1) 정동윤, 회사법, 법문사, 1988, 791-2쪽.
2) 물론 논자에 따라서는 여전히 '사업=기업'이라 읽을 수도 있겠다. 현행 근로기준법은 예전과 마찬가지로 곳곳에서 '사업 또는 사업장'이라는 용어를 사용하고 있고, 이 때 사업은 기업으로 이해하곤 한다(대법원 1992.2.28 선고 91다30828 판결 등).
3) 즉 기업의 존속보호라는 상법상의 법리와는 독자적으로 근로관계의 존속보호라는 노동법적 관점이 도입되어야 한다는 것이다(현천욱, "M&A와 노동문제", 인권과 정의, 제252호, 1997, 35쪽).

있겠다.[4)]

이에 반해 인수·합병의 의미는 사업에 대한 인수·합병이 아닌 기업의 인수·합병의 의미로 새겨야 한다는 지적이 있다. 문장구조상으로는 "사업의"라는 문언은 양도에 대해서 뿐만 아니라 인수·합병까지를 꾸며주고 있다. 그러나 이러한 문리해석에서 한 걸음 나아가서 '사업의 인수·합병'이라는 법적 개념이 논리적으로 성립되는지 따져보아야 한다. 왜냐하면 인수·합병은 기업의 경영지배권 획득을 목적으로 행하는 행위를 지칭하는 것인데, 경제적 가치개념으로서의 기업 및 이에 대한 경영지배권의 관념은 노동기술적인 목적하에서 노동조건의 결정단위의 의미를 지닌 사업과는 기본적으로 접근시각을 달리하는 것이다. 또한 사업의 양도에서는 사업의 일부만을 양도할 수도 있지만, 기업의 인수·합병의 경우 소멸하는 회사의 권리·의무가 존속하는 회사로 포괄승계되어 일부인수 내지 합병이란 있을 수 없다. 따라서 법문상 인수·합병은 기업(회사)의 인수·합병을 의미하는 것으로 해석하는 것이 타당하다는 것이다[5)].

이러한 지적은 인수·합병의 의미를 정확히 파악하고 있는 것으로 생각된다. 다만, 근로기준법에서 사업의 인수·합병이라고 표현하고 있는 것을 좋은 의미로 파악하자면 기업의 인수·합병

---

4) 이승욱, 사업양도와 노동자의 지위, 서울대학교 박사논문, 1997, 36쪽.

5) 이렇게 해석하는 경우 법문은 "사업의 양도·인수·합병"보다는 "사업의 양도, 기업의 인수·합병"으로 표현되는 것이 더욱 적절하다고 한다(박종희, "개정법상 '경영상 이유에 의한 해고'제도의 해석과 운용에 관한 정책방향", 한국노동법학회 1998년 춘계정책토론회자료집 「구조조정과 고용법제의 변화」, 1998, 8쪽).

인 경우에도 사업의 동일성이 유지되므로 근로관계가 승계됨을 주의적으로 나타내고자 하는 취지로 읽을 수도 있을 듯하다.

2) 사업양도

(1) 사업양도와 사업의 동일성

사업양도란 '사용자가 노동자와 함께 물적·비물질적 수단을 사용하여 노동기술적 목적을 계속적으로 추구하는 조직적인 통일체'를 '그 동일성을 유지하면서 일체로서 이전하는 행위'라고 정의할 수 있겠는데, 학설·판례·행정해석은 사업양도로 근로관계는 승계된다고 해석한다. 달리 말하자면, 사업양도인 경우에는 근로관계가 승계되지만 그렇지 않은 경우에는 반드시 고용승계가 이루어지는 것은 아니다. 따라서 사업양도에 해당하느냐 그렇지 않으냐의 판단이 중요한 관건이 된다.

창신낙산복지회 사건에서 대법원은 "영업의 양도라 함은 일정한 영업목적에 의하여 조직화된 총체 즉 물적, 인적 조직을 그 동일성을 유지하면서 일체로서 이전하는 것"이므로 "운수업자가 운수업을 폐지하는 자로부터 그 소속 종업원들에 대한 임금 및 퇴직금 등 채무를 청산하기로 하고 그 운수사업의 면허 및 운수업에 제공된 물적 시설을 양수한 후, 폐지 전 종업원 중 일부만을 신규채용의 형식으로 새로이 고용한 경우, 그러한 사정만으로는 영업양도라고 볼 수 없다."는 이유로 근로관계가 당연히 승계되는 것은 아니라고 판단하였다(대법원 1995.7.25 선고 95다7987

판결).[6)]

판례의 태도를 정확하게 읽기가 쉽지는 않은데 판례는 사업이 양도되면 근로관계도 이전되는데 사업양도에 해당하는지 여부의 판단은 사업양도 전후에 걸쳐 '사업의 동일성'이 유지되는지에 달려있다고 보는 듯하다.

사업양도시 근로관계의 이전을 인정하는 배후에 깔려 있는 사고는, 사업의 양도가 이루어지면 기존의 사업주, 즉 양도인에 대하여 노동자는 통상적으로 노동을 제공할 수 없다는 것을 전제로 하고 있다. 물적·비물질적 사업수단이 양도되면, 즉 사업의 기초가 양도되면 기존의 사업주에 대한 취로가능성은 사실상 소멸되는 것이다. 그런데 이 경우에 기존의 업무는 당연히 소멸하는 것이 아니라 양수인에게 그대로 이전된다. 이러한 취로가능성이 사실상 그대로 유지되는 경우, 즉 '업무의 동일성'이 유지되는 경우에는 근로관계의 이전을 인정함으로써 근로관계의 존속을 보호하고자 하는 데에 규범의 목적이 있는 것이다. 따라서

6) 마찬가지로 롯데칠성음료 사건에서도 대법원은 "갑회사가 을회사의 기존 판매망과 생산시설을 바탕으로 하여 동일한 제품을 생산하게 되었다 하더라도 이로써 당연히 을회사와 갑회사 사이에 노동자와의 근로관계를 포함한 유기적 조직체로서의 을회사의 영업 전부나 일부를 양도하기로 하는 내용의 영업양도에 관한 합의가 있었다고 보기 어렵고, 또한 을회사 소속 노동자들 일부를 을회사에서 퇴직하게 한 후 갑회사가 신규입사형식으로 채용하였다면, 그 영업에 관련된 을회사 소속 노동자들을 종전의 노동조건이나 직급상태로 그대로 인수한 것이 아닐 뿐 아니라 을회사의 노동자 일부는 그대로 잔류하였던 것으로 인정되고 그밖에 갑회사가 을회사에 관련한 다른 자산이나 부채, 채권과 채무 등에 관련하여 이를 모두 인수한 것으로 인정할 아무런 증거가 없다면, 갑회사가 실질적으로 을회사의 영업 전부나 일부를 포괄적으로 양수한 것으로 보기도 어렵다."고 판시하고 있다(대법원 1994.11.18 선고 93다18938 판결).

양수인이 취득한 사업수단을 투입하여 새로운 업무를 새로이 창출하여야 한다면 사업양도는 인정되지 않을 것이다.[7)]

여기에서 사업의 동일성은 사업의 계속운영가능성으로 파악되어야 하며, 본질적 사업수단의 양도라는 점과 사업으로서의 기능능력을 가진 채 양도되어야 한다는 두가지 요건이 갖추어지면 사업양도에 해당한다고 볼 수 있다.

사업의 동일성이 인정되기 위한 첫 번째 요건은 단순한 사업재산이 양도되는 것만으로는 부족하고 '본질적' 사업수단이 양도되어야 한다는 것이다. 그러나 반드시 전체 사업수단이 모두 양도될 필요는 없다. 이 경우 사업수단의 '본질성'은 사업의 성질에 따라 달리 판단되어야 한다.[8)]

사업양도가 인정되기 위한 두 번째 요건은 사업재산이 기능관련성을 가지고 양도되어야 한다는 것이다. 즉 사업은 기능능력을 유지한 채 양도되어야 한다. 본질적인 사업수단이 양도된다고 하여도 당해 사업수단이 기능관련성을 상실한 채 양도되면 사업양도가 아니라 새로운 사업의 설립에 불과하다. 그런데 사업의 기능능력의 판단에 있어서는 근로관계를 포함하여 판단하여야 한다. 따라서 본질적 사업수단만이 양도되고 근로관계가

---

7) 이승욱, 앞의 논문, 63쪽.

8) 예컨대 제조사업의 경우에는 통상적으로 물적 사업수단을 중심으로 본질적 사업수단인지 여부를 판단하고, 물적 사업수단 중에서 어떠한 것이 본질적인지 여부는 당해 사업의 노동기술적 목적에 따라서 개별적으로 판단되어야 한다. 서비스사업은 물적 사업수단은 본질성을 결여하고 있는 경우가 많고 물적 사업수단 자체가 존재하지 않는 경우가 있기 때문에 사업수단만을 고려한 사업의 동일성 판단은 한계가 있다(이승욱, 앞의 논문, 78-81쪽).

일체 인수되지 않은 경우에는 사업양도가 인정되지 않는다. 그러나 근로관계의 전부가 이전되어야 하는 것은 아니다. 사업으로서 기능을 유지하기에 족한 정도로 근로관계가 이전되면 족하다.

사업양도 이후 양수인이 사업의 목적을 변경하는지 또는 기존의 목적을 그대로 유지하는지에 대한 양수인의 양수목적은 사업양도의 인정과는 무관하다. 사업양도에 있어서 사업의 동일성은 '객관적' 계속운영가능성을 의미하기 때문이다.

(2) 사업양도와 근로관계의 이전

이렇듯 사업양도로 근로관계 역시 이전된다. 그런데 사업양도로 근로관계도 이전된다고 하면서도 학자에 따라서 그 내용은 조금 다르게 이해하고 있다. 이 문제는 사업양도계약의 당사자인 양도인과 양수인이 사업양도 때 일부의 노동자를 근로관계 이전의 대상에서 배제할 것을 명시적으로 합의한 경우 그러한 합의가 유효한지 여부에 대한 이른바 당연승계설과 원칙승계설의 대립으로 나타난다(사업양도시 근로관계의 이전에 대해 양도계약당사자의 명시적인 합의가 필요하다는 이른바 특약필요설[9]은, 현재 우리나라에서 이러한 입장을 취하는 학설이나 판례·행정해석은 없기 때문에 학설사적 의미만을 가지고 있을 뿐이다[10]).

당연승계설을 취하고 있는 입장에서는 그러한 합의 자체를 무

9) 하경효, "영업양도와 고용승계", 기업의 인수합병과 고용조정, 한국경영자총협회, 1997, 56-57쪽.

10) 어떤 형식으로든 노동자가 사업주 개인에게 고용되어 있는 것이 아니라 사업 그 자체와 결합되어 있다는 점을 인정할 수밖에 없는 오늘날의 노사관계하에서는 이러한 입장은 더 이상 논할 필요가 없다고 한다(이승욱, 앞의 논문, 176쪽).

효로 파악하고[11], 원칙승계설의 입장[12]에서는 그러한 합의의 유효성은 일응 인정하면서도 사업양도 그 자체만을 사유로 삼아 노동자를 해고하는 것은 근로기준법 제30조 소정의 '정당한 이유'가 있는 경우에 해당하지 않는다고 본다(대법원 1994.6.28. 선고 93다33173 판결; 1992.7.14. 선고 91다15225 판결; 1991.11.12. 선고 91다12806 판결 등).

당연승계설과 원칙승계설은 사업양도 그 자체를 이유로 한 해고는 근로기준법 제30조 제1항 위반의 해고라고 하는 점에서는 공통되지만, 다음과 같은 점에서 차이가 있다. 즉 당연승계설에 의하면 사업양도 때 일부 노동자에 대해서는 근로관계의 이전을 배제한다는 합의 그 자체가 무효이기 때문에 제외된 노동자는 양수인에 대하여 해고무효를 다투는 반면에, 원칙승계설은 일단 그러한 합의의 유효를 전제로 하기 때문에 양도인에 대하여 해고무효를 다투게 될 것이라는 점에서 차이가 있다. 그런데 사업양도시 해고의 효력을 다투는 노동자의 근로관계도 사업양수인이 양수한다고 보면 이 두 입장은 실질적인 차이가 없게 될 것이다.

판례는 사업양도시 이전되는 근로관계의 범위에 관하여 계약체결일 현재 실제로 그 사업부문에서 근무하고 있는 노동자와의 근로관계만을 대상으로 한다고 하여 계약체결일 이전에 해당 사업부문에서 근무하다가 해고된 노동자로서 해고의 효력을 다투

11) 임종률, "사업주변경과 노동자의 법적 지위", 후암 곽윤직교수 화갑기념논문집 「민법학논총」, 박영사, 1985, 556쪽 이하 참조.
12) 손창희, "조정해고(정리해고)에 대한 고찰", 가톨릭사회과학연구, 제9집, 1998, 86쪽.

는 노동자와의 근로관계까지 승계되는 것은 아니라는 원칙을 밝히고 있다(대법원 1995.9.29. 선고 94다54245 판결). 다만 예외적으로 해고의 효력을 다투고 있는 자에 대한 해고의 무효가 명백한 경우와 같이 특별한 사정이 있는 경우에는 이러한 노동자의 근로관계는 이전된다고 한다(대법원 1996.5.31. 선고 95다33238 판결).[13)]

그러나, 판례의 태도는 비판을 받고 있다. 사업양도의 상황은 일반적으로 정리해고, 전적 등 여러 가지 법적 쟁점이 포함되어 있는 경우가 많다. 사업양도가 이루어지기 이전 또는 그 이후의 상황에서 근로관계의 종료와 관련되는 조치를 취할 경우에 그 조치가 해고에 해당하는 것인지는 불분명한 경우가 보통이다. 판례의 원칙에 따른다면 그러한 불명확성에서 야기되는 위험을 사실상 노동자에게만 부담시키는 결과가 된다. 그런데 양수회사의 사정이나 양도계약과 관련되는 상황을 구체적으로 알 수 없는 노동자가 그러한 특별한 사정을 입증하는 것은 사실상 불가능하다. 따라서 사업양도가 이루어지는 경우에는 해고의 효력을 다투고 있는 노동자에 대해서 양수인은 '계속중인 재판에서 노동자의 승소를 정지조건으로 하는 근로계약'을 승계한다고 이론 구성하는 것이 타당하다는 것이다.

이렇게 본다고 하여도 사업양수인에게 불합리한 부담이 되는 것은 아니다. 양수인은 양수하려는 사업의 상황에 대하여 자세

---

13) 이 사건에서 법원은, 해고의 원인이 된 전적명령 자체가 아무런 효력이 없음이 객관적으로 명확하게 되었다는 점, 양도회사와 양수회사의 임원의 구성원이 중첩되고 있기 때문에 양수회사도 해고의 무효를 알고 있었다는 사정 등을 고려하여 해고의 효력을 다투고 있는 노동자의 근로관계의 이전을 인정하고 있다.

히 조사·검토하는 것이 일반적이기 때문이다. 또한 판례의 태도를 존중한다고 할지라도, 양도인이 사업양도 때 일부 노동자를 배제한다는 합의를 한 이상 양도인의 당해 해고가 이러한 배제합의에 근거하여 이루어진 것이라면, 배제합의를 유효로 만드는 특별한 사정이 없는 한, 해고의 무효가 명백한 경우에 해당하기 때문에 이러한 노동자의 근로관계는 양수인에게 이전되게 될 것이라는 해석이다.[14]

이 당연승계설을 지지하는 견해가 사업양도의 본질을 더욱 적절히 파악하고 있는 것으로 생각된다. 원칙승계설을 주장하는 쪽에서는 이러한 이치를 직접 밝히고 있는 명문의 규정이 없는 현행법체계 아래서는 입법론이 아닌 해석론으로서는 받아들이기 어렵다고 반론을 제기하기도 하나[15], 근로기준법 제31조 1항 2문의 해석론으로 충분히 그러한 결론을 도출할 수 있을 것으로 여겨진다. 이 조항에서 "경영악화를 방지하기 위한 사업의 양도·인수·합병은 긴박한 경영상의 필요가 있는 것으로 본다"는 것은 경영악화 방지와 무관한 사업의 양도·인수·합병은 긴박한 경영상의 필요가 없다는 것이고, 그 경우에는 당연히 근로관계가 승계된다는 것을 전제하는 것으로 해석되기 때문이다.

(3) 노동자의 거부권 행사

한편 사업양도에서 근로관계의 이전 여부는 근로관계가 이전되지 않은 노동자가 자신의 근로관계의 이전을 주장하는 형식으

14) 이승욱, 앞의 논문, 177쪽.
15) 현천욱, 앞의 글, 34쪽.

로 주로 문제되기 때문에 근로관계가 이전되는 노동자의 의사는 특별히 문제되지 않는 경우가 대부분이다. 그런데, 노동자가 사업양도로 인한 근로관계의 이전을 거부하고 원래의 사용자인 양도인의 사업에서 계속 노동을 제공하려고 하는 경우[16]에는 근로관계의 이전에 대한 노동자의 동의문제가 핵심적인 쟁점으로 부각된다. 이에 관해서는 同意必要說과 同意不要說간의 다툼이 있다.

동의필요설은, 민법 제657조 1항이 "사용자는 노무자의 동의 없이 그 권리를 제3자에게 양도하지 못한다"고(노무제공의 이른바 一身專屬性을) 규정하고 있는 점을 전제로 하여, 근로관계에서 사용자 권리의 일신전속성을 규정한 민법 제657조 제1항이 사업양도의 경우라고 하여 그 적용이 배제되어야 할 합리적인 이유가 없다는 점, 근로계약의 상대방인 사용자는 근로계약의 본질적인 요소로서 그 변경이 계약당사자인 노동자의 의사와 무관하게 변경된다는 것은 있을 수 없다는 점, 노동자가 일상적으로 기업이라는 유기적 조직체의 일부에 편입되어 있다고는 하여도 사업양도의 대상이 되는 다른 유형·무형의 의사를 가지지 않는 재산과 동일하게 취급하는 것은 인간의 인격적 존엄성을 침해하는 것으로서 허용될 수 없다는 점, 이른바 轉籍의 경우에 노동자의 개별적인 동의를 요하는 것과 달리 볼 이유가 없다는 점 등을 근거로 제시하고 있다. 다만, 노동자의 동의는 반드시 명시적일 필요는 없고, 노동자가 별다른 이의를 제기하지 않고 양수회사에

16) 예컨대 양수기업보다 양도기업의 각종 여건이 훨씬 좋은 경우를 생각해보라.

서 근무하고 있다면 노동자의 묵시적인 동의가 있었다고 인정한다.[17]

반면에 동의불요설은 민법 제657조에서 규정하는 노무계약은 노동법상의 근로계약과 그 성질을 달리하므로 근로계약의 이전에는 적용되지 않는다는 것을 주된 논거로 하는 듯하다.[18] 이 논리의 연장에서 노동자의 직업선택의 자유와 인간의 존엄성 보장이라는 측면에서 노동자의 즉시해지권을 인정하자거나[19] 노동자에게 근로관계의 이전에 대한 거부권을 인정하자고 주장하는 견해[20]가 있다.

사업양도에 따른 근로관계의 이전에 대하여 노동자가 동의를 하지 않는다거나 거부권을 행사하는 것은 보통의 경우 그 직장에서의 노동생활의 종료를 의미한다. 이는 곧 생계원천의 소진을 의미하는 것이고 그 때문에 동의필요설이나 동의불요설이 전혀 지평이 다른 논의가 아니라는 것을 의미한다.

하지만, 그럼에도 다음과 같은 실익을 생각할 때 노동자에게 거부권을 인정하자는 견해에 주목할 필요가 있을 듯하다. 첫째로, 거부권은 소급효를 가진다. 둘째로, 거부권이 사업양도 실시 이후에 행사되면 거부권을 행사한 노동자는 그 사이에 이루어진 노동에 관하여 사실적 근로관계론에 따라 사업양수인에 대해 책임을 물을 수 있다. 셋째로, 노동자가 거부권을 행사하여 양수한

---

17) 김홍준, “기업변동에 있어서 노동법적 측면에 대한 소고”, 서울대 「노동법연구」 제4호, 1994, 43쪽.
18) 이상윤, 노동법, 법문사, 1997, 474쪽.
19) 김형배, “정리해고 법리의 재구성”, 노동관계법연구(Ⅰ), 한국경영자총협회, 1997, 387-8쪽.
20) 이승욱, 앞의 논문, 119-175쪽.

사업의 계속운영이 불가능하다고 하여도 양수인은 사업양도계약 그 자체를 해제 또는 취소할 수 없다.[21)]

3) 기업의 인수·합병

(1) 앞에서 본 바와 같이 기업의 인수·합병은 크게 구별하려 하지 않고 기업매수 하나로 설명하기도 하지만, 현행 근로기준법에서 이를 나누어 규정하고 있으므로 그 법적인 의미를 획정하는 것은 불가피하다.

먼저 합병이란 2개 이상의 회사가 계약에 의하여 신회사를 설립하거나(이 경우에는 종전의 회사가 모두 소멸한다), 또는 그 중의 한 회사가 다른 회사를 흡수하고(이 경우에는 흡수되는 회사만 소멸한다), 소멸회사의 재산과 사원이 신설회사 또는 존속회사로 법률상 당연히 포괄적으로 이전·수용되는 효과를 가져오는 현상을 가리킨다.[22)]

이렇듯 회사 합병으로 인한 사업주변경 때에는 신사업주(신설회사 또는 존속회사)가 구사업주(소멸회사)의 모든 재산상의 권리의무를 '법률상 포괄적으로 승계'하는 것이므로 신사업주는 기존의 근로관계도 당연히 - 구사업주와 근로관계의 인수에 관한 특별한 합의를 하지 않은 경우라 하더라도 - 인수한다고 해석한다. 따라서 회사의 합병에 의하여 사업주가 변경되는 경우에는 신사

---

21) 이승욱, 앞의 논문, 175쪽.
22) 이렇듯 합병은 ① 둘 이상의 법인격 있는 회사, ② 해산회사 재산의 포괄승계, ③ 사원의 원칙적인 수용을 기본적인 개념요소로 하고 있다(권기범, 주식회사합병의 법리, 삼영사, 1990, 23쪽).

업주가 기존의 근로관계(로부터 발생하는 권리의무)를 자동적으로 승계한다는 점에 대하여 異論이 없다.[23)]

다만, 권리의무의 포괄승계에 관한 이론구성을 재산관계상의 권리의무에 관한 상법의 규정을 그대로 적용시켜 근로계약의 승계의 근거로 삼는 것은 의문이다. 합병에 관한 상법의 규정은 기본적으로 기업 변동의 경우 기업의 존속보호라는 기업법의 법리에 따라 재산법적인 측면에 중점을 두고 있는 것이지 회사의 합병과 관련하여 노동자의 법적 이익을 보호하려는 규정이라고 생각되지는 않기 때문이다.[24)] 따라서 합병으로 인한 근로관계의 '포괄적 이전'은 합병 전후를 통해 기업이 폐지되지 않고 그 실질적 동일성을 유지하고 있다고 인정되는 한, 법형식적인 경영주체와의 관계가 아니라 기업과의 결합관계인 근로계약도 당연히 동일성을 유지하는 데서 나타나는 현상이라고 이해하는 데에서 그 이론적근거를 찾아야 할 것이다.[25)] 즉 사업양도의 경우처럼 사업의 동일성이 유지되는 결과 근로관계가 이전된다고 해석하여야 옳지 않을까 하는 것이다.

여하튼 그 이론구성의 차이는 별론으로 하고, 회사합병과 관련하여 근로관계의 존속보호를 목적으로 하는 노동법학에서의 논의를 통해 합병으로 근로관계도 포괄승계된다는 이론이 정립

---

23) 夏本信行, "企業變動・倒産と勞働契約", 日本勞働法學會編, 勞働契約・就業規則(現代勞働法講座10), 總合勞働研究所, 1986, 42쪽.

24) 합병에 관한 상법학에서의 논의는 노동자의 법적 이익을 보호하려는 측면에 대한 고려가 불충분한 게 사실이라는 지적이 있다(김지형, "회사의 합병에 따른 근로관계의 승계와 취업규칙상 퇴직금규정의 적용", 인권과 정의 제214호, 1994, 88쪽).

25) 沼田稻次郎(外) 編集, 勞働法事典, 勞働旬報社, 1979, 286쪽.

되어 있는 것은 분명하다.[26] 판례 역시 합병으로 근로관계가 포괄승계된다고 보고 있다. 즉 대법원 1980.3.25 선고 77누265 판결에서 "합병의 경우에는 피합병회사의 권리의무는 사법상의 관계나 공법상의 관계를 불문하고 그 성질상 이전을 허용하지 않는 것을 제외하고는 모두 합병으로 인하여 존속할 회사에게 승계되는 것으로 보아야 한다"고 판시하는 등 판례의 일관된 태도로 이해된다.

(2) 한편 좁은 의미의 기업인수는 상대방회사의 주식을 매수하는 것을 의미한다. 이 방식은 상대회사의 경영지배권을 획득하면서도 그 독립적인 법인격은 유지시키므로 기존의 권리의무관계에는 아무런 변동이 없어 절차가 가장 간명하다. 예컨대 A사가 B사를 인수하는 경우를 생각해보자. A사의 이사회 결의 후 A사의 대표자(대리인)가 B사의 주주(혹은 주주로부터 위임을 받은 자)와 주식매매계약을 체결하고 주권의 인도를 받은 다음 B사 주주명부에 명의개서를 하면 인수조치가 끝난다. 의결권대리행사의 위임장(proxy)을 취득하는 것도 한 방법이다.

회사의 경영지배권이 이전되는 것은 B사에서 주주총회를 개최하여 이사선임결의를 통해 A사가 지명하는 사람들이 B사 이사회의 과반수를 차지하는 순간이 될 것이다. 기업실무에서 우호적 M&A에서는 B사의 주주 전원 또는 대주주가 A사에게 주식

26) 때문에 합병을 하고자 할 때 피합병회사 소속 노동자 전부 또는 일부를 승계대상에서 제외한다는 합병당사회사간의 특약은 합병의 성질상 무효라고 해석된다(김영훈, "근로관계의 이전", 근로관계소송상의 제문제(하), 사법연수원, 1987, 1729쪽.

을 매도할 때 경영권을 이전하기 전에 B사 경영진의 사표를 미리 받아 A사에 제공하는 경우가 많다고 한다. 적대적 M&A에서는 법원으로부터 임원 선임을 위한 임시주주총회 소집허가를 받아 경영진을 개편하는 단계를 밟는 것이 보통이다.

기업인수의 경우 경영지배권은 다른 회사에 넘어가지만 사업내용은 전혀 변함이 없다. 따라서 이 경우도 사업의 동일성이 유지되고 있고, 그러한 측면에서 근로계약관계에 변함이 없음은 당연한 이치라 하겠다.

(3) 문제가 되는 것은 기업의 인수·합병이 아니라 기업재산만을 인수하는 경우 이를 어떻게 평가할 것인가 하는 것이다.

사업운영에 필요한 물적 시설만 매입하는 것은 기업인수가 아니라 자산인수이므로 근로계약관계는 승계되지 않겠으나[27] 이때 단순히 밖으로 드러난 현상만 보고 '자산인수 → 근로관계의 단절'이라고 도식화할 수는 없다.

자산인수는 미국에서 주로 이용되고 있는 부실은행의 정리방법으로 건전한 은행이 부실은행의 자산을 취득하고 예금 등 부채를 인수하는 것이다(자산인수; 자산취득·채무인수). 우리나라에서도 최근 부실은행의 퇴출에 이 방식을 활용하였다. 그런데 이 방식은 정형화된 법률개념도 아니고 그 처리방식도 다양하여 많은 문제를 안고 있다. 기실 이 제도는 퇴출은행의 노동자는 남겨둔 채 자산만 이전하려는 의도를 가지고 있기 때문이다.[28]

27) 손창희, 앞의 글, 85쪽.

28) 제조업체에서 문제가 된 대표적인 사례는 포철의 자회사인 창원특수강(주)이 삼미종합특수강(주)의 봉강 및 강관사업부문을 인수하는 과정에

이 문제와 관련 대법원은 외형이 아닌 그 실질을 따져 법적 효과를 인정하려고 하는 태도를 보이고 있는 듯하다. 즉 대법원 1997.6.27. 선고 96다49674 판결은 "모기업의 일부 사업 부문이 상법상의 영업양도에 해당하는 요건을 갖추지 못하였다 하더라도 인적 조직 및 물적 시설은 해체됨이 없이 동일성을 유지하면서 계열회사에 이관되었고 그에 따라 그 소속 노동자들이 회사 방침에 의하여 중간퇴직을 하고 퇴직금을 수령한 후 신규 입사 절차를 밟은 경우, 그 중간퇴직은 통정허위표시로서 무효이므로 노동자의 모기업과 계열회사에서의 각 근무는 단절됨이 없이 노동의 계속성이 유지된다"고 판시하고 있는데 자산인수의 외형을 갖추어도 그것이 사업양도라면 사업양도로서의 법적 효력을 부여하여야 한다는 것이다. 결국 형식은 자산인수라고 하여도 실질적으로 재산과 노동자를 포괄적으로 인수하는 경우는 사업양도라고 보아야 한다는 것이다.29)

2. '경영악화를 방지하기 위한' 사업의 양도·인수·합병

이렇듯 사업의 양도· 인수· 합병은 본래 노동자의 지위의 이전을 수반하며 해고와는 친하지 않다. 그러나 경영악화를 방지하기 위해서 사업의 양도· 인수· 합병을 한 때에는 정리해고의 한 요건인 긴박한 경영상의 필요성이 있다고 인정받는다.

서 자산인수방식을 활용하여 기존 노조원만을 배제하려 한 예를 들 수 있다. 이 사안을 사업양도로 분석한 이상덕, "영업양도와 고용승계", 노동법학 제7호, 1997 참조.

29) 이병태, 최신 노동법, 현암사, 2005, 678-9쪽.

결국 경영악화를 방지하기 위한 기업조직의 변동이 무엇을 의미하는지가 근로기준법 해석의 관건이 되겠다. 이를 광의로 해석하자면 현재의 경영이 나빠질 조짐이 보여 미리 사업양도 등을 통해 구조조정을 하면 그 때의 정리해고도 정당하다고 볼 수 있겠다. 반대로 이 조항을 좁게 해석한다면 기업조직의 변동말고는 현재의 경영난을 해소할 수 없고 그러한 정책의사결정에 따라 합병 등 구조조정을 하고 그에 기해 정리해고를 했을 때만 정당하다고 인정받는 결과가 된다.

이 부분의 해석에 관해서는 아직 법원의 판단은 없다. 그런데 이는 긴박한 경영상의 필요성을 판단하는 기준으로 작용하므로 법원이 긴박한 경영상의 필요라는 것을 어떻게 이해하는지를 살펴보면 앞으로의 해석방향을 미루어짐작할 수 있을 것이다.

법원은 처음에는 '긴박한 경영상의 필요'를 기업이 일정수의 노동자를 정리해고하지 않으면 경영악화로 사업을 계속할 수 없거나 적어도 기업재정상 심히 곤란한 처지에 놓일 개연성이 있을 긴박한 경영상의 필요성이 있어야 하는 것이라고 엄격하게 해석하였다(대법원 1990.1.12 선고 88다카34094 판결).

그런데 나중에는 반드시 기업의 도산을 회피하기 위한 것에 한정할 필요는 없고, 인원삭감이 객관적으로 보아 합리성이 있다고 인정될 때에는 '긴박한 경영상의 필요성'이 있는 것으로 넓게 보아야 한다는 것으로 바뀌었다(대법원 1991.12.10 선고 91다8647 판결).[30] 기업의 인원삭감 조치가 영업성적의 악화라는 기업의

30) 이 판결에 대한 비판적 평석으로는 김선수, "정리해고요건으로서의 긴박한 경영상의 필요성", 노동법연구 제3호, 1993, 59쪽 이하 참조.

경제적인 이유뿐만 아니라 생산성의 향상, 경쟁력의 회복 내지 증강에 대처하기 위한 작업형태의 변경, 신기술의 도입이라는 기술적인 이유와 그러한 기술혁신에 따라 생기는 산업의 구조적 변화도 이유로 하여 실제 이루어지고 있고 또한 그럴 필요성이 충분히 있다는 점을 반영한 것이다.

이와 같이 판례는 긴박한 경영상의 필요라는 요건을 완화하여 해석하려는 태도를 보이고 있다. 그런데 그 완화된 해석이라는 개념표지가 무엇인지 하는 것은 신중하게 검토할 필요가 있다. 기업의 합리화조치를 인정하였다고 평가받는 대법원 1991.12.10 선고 91다8647 판결을 면밀히 분석해보면 이와 같은 결론에 이르는 과정에 기업의 경영이 계속적인 적자상태인지가 중요한 사실판단요소로 고려되며, 누적된 기업경영의 적자가 장차 기업경영을 심각하게 곤란케할 경우를 예방하기 위해 해고가 인정될 수 있다는 것을 의미한다. 이는 기업경영이 적자이어서 더 이상 고용관계를 지속한다는 것이 일반적으로 기대불가능한 것으로 보는 객관적 인식을 근거로 한다는 것이다. 그러므로 판례가 제시하는 '객관적으로 보아 인원감축의 합리성이 있다고 인정되는 경우'란 결국 기업이 도산에 이르지는 않을지라도 해고를 하지 않으면 기업의 경영이 위태로울 정도를 의미한다. 달리 말하자면 정리해고의 본래적인 요청인 '기업의 존립보호'를 위할 때 그 정당성이 인정된다는 것이다(박종희, 1998: 5). 구체적으로 기업이 어느 정도의 위기에 처하면 긴박한 경영상의 필요성이 인정되는 경영악화라고 볼 수 있는지는 판례의 형성을 기다려야 할 터인데, 그 해석은 상당히 엄격할 것으로 예견된다.

3. 기업조직의 변동과 정리해고(사업의 양도·인수·합병과 정리해고 4요건)

(1) 이상의 논의를 바탕으로 하여 사업양도를 중심으로 정리해고의 정당성 여부를 검토하면 다음과 같이 정리할 수 있다. 우선 경영악화를 방지하기 위한 사업의 양도·인수·합병은 긴박한 경영상의 필요가 있는 해고의 한 요건을 구비한 것으로 해석된다. 즉 판례를 통해 확립되고 이를 근로기준법으로 수용한 현재의 정리해고법리인 정리해고의 4요건 중 긴박한 필요성 요건을 충족시킨다는 것이다. 이 요건이 구비된 후 사용자의 해고회피조치, 공정한 해고기준의 마련, 노동자대표와의 성실한 협의 여부를 따져보아야 한다.

그런데 이러한 일반적인 이해에 대해 조금 다른 주장을 하는 견해가 있다. 긴박한 경영상의 필요와 해고회피노력을 나누는 것은 타당하지 못하다는 것이다. 이 견해는 긴박한 경영상의 필요라는 것을 해고를 불가피하게 하는 원인으로서 일자리의 탈락을 초래하는 '경영상의 필요'와 그 해고가 다른 회피수단을 사용하더라도 피할 수 없다는 의미인 최후수단으로서의 긴박성이라는 두 요건으로 분해하는 독일이론을 차용하고 있다.[31]

이 주장은 경청할만한 견해이기는 하나 현행 근로기준법 제31조의 구조와 맞지 않고, 정리해고를 손쉽게 인정하는 결과를 낳을 우려가 있다. 즉 정리해고 4요건론이 아닌 3요건론을 택할 때 해고의 정당성판단에서 한 단계가 줄어든다. 또 긴박한 경영

31) 김형배, 앞의 글(1997), 53-54쪽.

상의 필요와 사용자의 해고회피조치를 하나로 묶게 되면 이 두 요소가 상호보완작용을 하여 결국 그 해고는 정당한 것으로 귀결되기 쉽다. 그런데 노동보호법인 근로기준법에 정리해고의 제한을 명시한 것은 그만큼 이러한 유형의 해고를 엄격하게 규제하겠다는 취지이다. 법의 취지를 존중하여 4요건에 해당하는지를 하나하나 검토하는 게 합당하다고 본다.

(2) 사업양도가 이루어지면 당해 근로관계의 성격이 사용자의 인격과 결부된 것이 아닌 한 근로관계는 당연히 이전된다. 양도계약당사자가 명시적으로 특정 노동자의 배제를 합의한 경우 당해 합의는 무효이다. 해고와 사업양도간에 기능적 관련성과 시간적 관련성이 인정된다면 당해 해고는 사업양도를 이유로 한 것이라고 추정할 수 있다.

그런데 사업양도가 해고의 단순한 외적인 계기를 형성하는 데 불과하고 사업양도 이외의 다른 해고의 정당한 이유가 있는 경우에는 사업양도의 상황에도 불구하고 해고는 정당하다. 정리해고를 반드시 필요로 하는 사업양도인 경우에도 모든 근로관계를 양수인에게 이전케 한다는 것은 기대하기 어렵기 때문이다.[32)]

이 때 해고권자는 누구인지가 문제된다. 해고가 유효하기 위해서는 해고에 대하여 정당한 권한을 가진 자가 이를 행사하여야 하고, 근로계약의 당사자인 사용자가 원칙적으로 해고권자가 된다. 그런데 사업양도에서는 양도시점을 기준으로 사용자지위에 변동이 있으므로 누가 해고권자인지를 밝혀야 한다. 사업주의

32) 김형배, 앞의 글(1997), 389쪽.

변경은 양수인이 사업상 지휘권을 사실상 행사할 수 있는 때에 인정되고, 사업양도로 인한 근로관계의 이전은 양수인이 사업을 사실상 운영할 수 있는 때에 이루어진다. 따라서 그 이전까지는 양도인이 해고권자가 되며, 사업주변경이 이루어지고 난 이후에는 양수인이 해고권자가 되는 것으로 해석된다.[33)]

(3) 이렇듯 사업양도의 전후를 불문하고 정리해고는 가능하지만, 사업양도의 상황으로 인해 정리해고의 요건과 관련하여 문제가 발생한다. 우선 긴박한 경영상의 필요와 관련하여 사업양도가 합리화조치의 하나로 이루어졌다고 해도 그것만으로 정리해고를 정당하다고 볼 수는 없다. 현행 근로기준법은 '경영악화를 방지하기 위한' 사업양도만이 긴박한 경영상의 필요가 있는 것으로 보기 때문이다.

문제는 양수인이 직접적으로 정리해고조치를 취하는 부담을 줄이기 위하여 사업양도계약에서 사업양도가 이루어지기 전에 양수인의 합리화계획에 따라 양도인이 인원삭감을 할 것을 합의한 결과 인원삭감조치가 이루어지는 경우 생겨난다. 예컨대 양수인이 임금이 특히 높은 특정한 노동자를 사업양도에 앞서서 해고하지 않으면 사업양도 자체를 하지 않겠다고 하여 당해 노동자를 해고하는 경우가 그러하다. 이러한 상황은 사업양도에 관한 협상이 실패할 경우에는 당해 사업은 폐업할 수밖에 없는 사정일 경우에는 문제가 더욱 복잡해진다.

사업의 재정적 상황이 극도로 악화된 사업에 대하여 사업양도

---

33) 이승욱, 앞의 논문, 193-4쪽.

에 관한 인수교섭을 하고 있는 양수인이 당해 사업의 인수 조건으로서 특정한 합리화조치를 취할 것을 요구하고 이에 따르지 않을 때에는 인수를 하지 않겠다고 하여 어쩔 수 없이 양도인이 인원삭감조치를 취하는 경우 그 불가피성을 인정하여야 할지도 모른다.

그러나 독일연방노동법원은 이러한 상황에 대해서도 사업양도가 발생하면 근로관계는 이전되어야 한다는 원칙에 따라 해고를 무효라고 판단하였다(BAG AP Nr.34 zu §613a BGB). 사업양도와 관련하여 발생한 우연한 사정에서 야기되는 위험은 노동자가 부담하여서는 안되며, 사업양도가 발생하면 근로관계는 그러한 사정 여하에 관계없이 이전되어야 한다. 사업양도 때 근로관계의 당연이전이 양도의 대상이 되는 사업의 경제적 사정에 의해서 부정될 수는 없다는 것이다.

사업양도가 이루어지지 않으면 사업 전체를 폐업하여야 하고 노동자 전체가 해고되어야 한다는 사정이 있다고 하여도, 그 사실이 곧 사용자가 폐업 대신에 사업양도를 결정하는 경우 개별 노동자를 임의로 해고할 수 있다는 것을 의미하지는 않는다. 사업양도를 하는 이상은 사업양도에 수반한 효과를 부담하여야 하는 것은 양도인과 양수인에게 부과된 사회적 제약이다. 사업양도가 이루어지지 않으면 사업이 폐업될 것이라는 가정적인 상황은 이러한 사회적 제약을 부정하는 근거가 될 수 없다. 따라서 양도인이 사업을 전체로서 양도할 수 있도록 하기 위하여 잠재적 양수인의 희망에 굴복하여야 하는 일종의 강박상태가 존재하는지 여부, 그리고 양수인에게 모든 노동자를 인수할 수 있도록 하기 위하여 사업의 매매가격을 타협할 수 있는지 또는 타협하여야 하는지 여부는 중요하지 않다. 사업양도 실시의 곤란함이 노동자의 부담으로 전가되어서는 안되기 때문이다.[34)]

(4) 정리해고가 정당하게 이루어지기 위해서는 사용자가 해고회피를 위한 노력을 하여야 한다. 따라서 사용자는 노동자의 해고범위를 최소화하기 위하여 경영방침이나 작업방식의 합리화, 신규채용의 금지, 일시휴직 및 희망퇴직의 활용 및 전근 등 가능한 조치를 취하여야 한다(대법원 1992.12.22 선고 92다14779 판결).

특히 사업양도와 관련하여 문제가 되는 해고회피수단은 기업의 다른 사업으로의 배치전환조치이다. 양도인이 사업양도의 상황에서 정리해고를 하는 경우에는 자신의 다른 사업으로의 배치전환을 시도하여야 한다. 마찬가지로 양수인이 사업양도 이후에 정리해고를 하는 경우에는 양수한 사업을 계속운영하는 형태로 사업양수를 하든 또는 자신의 기존 사업에 편입하는 형태로 사업양수를 하든 자신의 다른 사업으로의 배치전환가능성을 모색하여야 한다. 따라서 해고회피의무에 관해서는 사업양도 때의 정리해고도 일반적인 정리해고 상황에서와 다를 바가 없다.[35)]

(5) 해고대상자의 선정과 관련하여 해고대상자의 범위는 원칙적으로 인수되는 노동자로 제한된다. 만약 양수인의 기존 종업

---

34) 이승욱, 앞의 논문, 194-202쪽.
35) 이승욱, 앞의 논문, 202-3쪽.

원을 포함시켜서 해고대상자를 선정하게 되면, 원래 긴박한 경영상의 필요를 야기시킨 원인과 무관한 노동자에게까지 직장상실의 위협을 줌으로써 결국 사업양도로 근로관계의 이전을 보장받은 노동자가 추가적인 근로관계의 존속보장을 받는 결과가 되기 때문이다.

노동자가 근로관계의 이전에 대하여 거부권을 행사한 결과 양도인의 사업에서 정리해고를 해야 할 때는 거부권행사에 정당한 이유가 있다면 양도인의 나머지 사업의 다른 노동자도 해고대상자의 범위에 포함되어야 하지만, 거부권이 정당한 이유 없이 행사된 경우에는 해고대상자의 범위는 거부권을 행사한 노동자로 국한된다.

대상이 되는 노동자 중 과연 어느 누구를 해고해야 하는지 하는 문제는 정리해고 일반의 선정기준과 마찬가지로 보아야 한다. 즉 그 대상은 대상이 되는 노동자의 보호필요성(소위 '사회적 관점')과 경영상 필요성을 조화시켜 해결할 수밖에 없다. 즉 노동자의 연령, 근속기간, 가족사정 및 기타 경제적 상태(예컨대 수입이 있는 가족구성원의 수, 피부양자수, 배우자의 급료에 의한 생활보장 여부, 현재의 재산상태 등)이 우선 고려의 대상이 되겠다. 한편 특정 노동자가 그 업무에 더욱 적격이거나 지식이나 경험, 거래처와의 관계 등을 고려하여 이 노동자는 해고하지 않는 것도 부당하지는 않다고 한다.[36] 그러나 정리해고라는 것이 아무런 귀책사유없이 해고된다는 점을 감안할 때 해고기준은 원칙적으로 노동자보호의 필요성이라는 데 두어야 할 것이다.

36) 김형배, 앞의 글(1997), 21-23쪽.

(6) 정리해고에 관한 성실한 협의와 관련하여서는 구법에서의 판례이기는 하지만 노동자와의 협의절차를 거친다고 하여도 별다른 효과를 기대할 수 없는 경우에는 정리해고시 노동자측과 협의하지 않아도 무방하다고 한 예가 있다(대법원 1992.11.10 선고 91다19463 판결).

이러한 판례의 태도에 찬성하는 견해도 있다. 즉 사용자가 긴박한 경영상의 필요를 이유로 노동자를 해고하기에 앞서 해고이유와 해고대상자 선정기준 등을 제시하고 노동자측과 협의하고 설득하는 과정을 거치는 것이 바람직하나 그러한 의무위반이 해고 자체를 무효로 하는 것은 아니라고 한다. 사용자의 사전협의는 해고대상자의 선정 등과 관련하여 해고를 결정하는 과정에서 판단의 정확성을 확보하는 데 요구되는 절차이며 협의를 하지 않은 것이 해고의 효력 자체를 좌우할 수 있는 실질적 요건이라고는 할 수 없기 때문이라고 주장한다.[37)]

그러나 이 협의요건은 정리해고의 정당성을 판단하는 데 핵심적인 요소이고,[38)] 근로기준법 제31조 5항은 성실한 협의를 거쳐야 정당한 해고가 된다는 것을 분명히하고 있다. 행정실무 역시 이 절차를 거치지 않은 경우 부당해고가 된다고 해석한다.[39)]

정리해고와 관련한 협의의 상대방은 해고대상자가 인수된 노동자로 제한되는 경우에는 이들 노동자의 과반수 대표이며, 사

---

37) 김형배, "긴박한 경영상의 필요에 의한 해고의 법리", 저스티스, 제29권 3호, 1996, 126쪽.
38) 唐津 博, "長期雇用慣行の變容と勞働契約法理の可能性", 日本勞働法學會誌 제87호, 1996.
39) 노동부, 달라진 새 노동법 해설, 1998, 20쪽.

업의 일부가 편입되는 형태의 양도가 이루어진다면 정리해고대상자의 범위는 양수인의 기존의 노동자도 포함되기 때문에 이들을 포함한 노동자의 과반수 대표이다. 근로기준법 제31조 3항에서는 노동자 과반수로 조직된 노동조합이 있으면 그 노동조합을 노동자대표라고 인정하므로 사업의 일부양도 때도 그 노동조합이 양도되는 노동자들을 대표하는지 논란이 있겠으나 그렇게 해석할 바는 아니라고 여겨진다. 관련된 사업별로 판단하여야 하기 때문이다.[40)]

한편 노동조합이 소속 조합원들을 위하여 정리해고와 관련된 고용안정협약을 체결하기 위하여 단체교섭을 하고 교섭이 결렬되면 쟁의행위를 할 수 있는지 논란의 여지가 있다. 이는 단체교섭 대상사항의 범위획정문제이기도 하다. 조합원인사에 관한 사항이 교섭사항인지 논의가 있기는 하나 적어도 전직·징계·해고 등 인사에 관한 기준이나 절차에 관한 사항을 단체교섭 대상사항으로 이해하는 한[41)] 고용안정협약의 체결 역시 교섭사항이라고 해석해야 한다. 이는 현행 근로기준법 제31조와는 별도로 단체협약이 우선하는 우리나라 노동법체제에서 나오는 결론이라고 보아야 할 것이다.

---

40) 공동체에 참여하고 있는 모든 구성원들은 正義의 중요한 근거에 의해 상이한 취급 내지 불평등한 분배가 정당화되지 않는 한 평등하게 취급받아야 하고 또 권리와 의무, 이익과 부담은 그들에게 평등하게 분배되어야 하기 때문이다(평등취급 내지 평등분배의 원리 ; 심헌섭, "정의에 관한 연구", 서울대학교 법학 제29권 2호, 1988, 97쪽).

41) 김유성, 앞의 글(1997), 142쪽.

4) 기업분할과 정리해고

다음으로 현행 근로기준법에는 정한 바가 없는 기업분할과 정리해고 문제를 살펴보자. 회사의 분할이란 하나의 회사가 둘 이상의 회사로 나누어지는 것으로 분할의 대상이 되는 회사(피분할회사)의 재산과 주주가 분리되어 재산은 적어도 하나 이상의 신설회사 또는 기존의 다른 회사(분할회사)에 승계되고 주식(사원권)은 원칙적으로 피분할회사의 주주에게 부여되는 제도이다.

회사분할은 ① 규모가 비대해진 회사가 영업부문별 또는 지역별로 분할하여 적절한 경영규모로 조절하려 할 때, ② 채산성이 없는 사업부문을 분리하여 별개의 독립회사로 운영함으로써 경영효율을 기하려 할 때, ③ 신규사업에 따르는 위험을 자회사를 통해 해결하려 할 때, ④ 이익을 분산하여 법인세의 감면을 꾀할 때, ⑤ 임원자리의 증설 등 노무관리전략상 이용할 수 있다. 또한 ⑥ 다른 회사들과 함께 공동자회사를 설립할 때도 이용된다. ①에서 ⑤까지는 새 회사를 설립하는 형태로, ⑥은 회사분할과 함께 타회사와의 합병을 통한 새 회사의 설립이라는 모습을 갖추게 된다(분할합병). 이 제도는 기업의 조직변경을 더욱 쉽게 해주는 조치로 상법개정안에 모습을 드러냈다. 하지만, 이미 실무에서는 보통 분사화라고 하여 확산되는 추세인데 그 대표적인 예로 삼성전자가 물류와 서비스 부문을 대규모로 분사한 경우를 들 수 있다. 상법의 규율영역 밖의 회사분할은 사실상의 회사분할 또는 광의의 회사분할이라 부른다.[42]

---

42) 손주찬, 증보판 상법(상), 박영사, 1998, 475-5쪽.

회사의 분할은 합병의 경우처럼 재산의 포괄적 이전과 채무의 승계라는 법적 효력을 낳는다. 기업분할 때 고용의 승계, 정리해고에 관해서는 현행 근로기준법은 침묵하고 있다. 그러나 기업분할후에도 사업의 동일성이 유지되면 근로관계는 이전되는 게 원칙이나 노동자는 거부권을 행사할 수 있고, 긴박한 경영상의 필요가 있을 때는 근로기준법이 정하는 요건을 갖추어 정리해고가 가능하다고 해석할 수 있을 것이다.

판례는 "기존의 회사로부터 분리하여 신설회사를 별개의 법인체로 독립시킴에 있어서 소속 노동자들로 하여금 기존회사를 퇴직하고 신설회사에 입사하거나 종전의 지위를 그대로 유지하여 신설회사의 사원이 되도록 하는 두가지 방법중 하나를 자유로운 의사에 의해 택하도록 하였는데, 소속 노동자들 중 상당수는 종전의 지위를 그대로 유지하고 신설회사의 사원이 되는 방법을 택하였고 원고는 그 자유로운 의사에 의해 위 기존회사를 퇴직하여 이에 대한 퇴직금을 수령한 후, 신설회사에 새로이 입사하는 방법을 선택하였다면, 기존회사와 신설회사, 원고와의 사이에서 원고의 기존회사에 대한 임금에 관한 권리의무가 신설회사에 승계되지 아니하였다고 할 것"(대법원 1991.12.13 선고 91다32657 판결)이라고 판시하고 있다. 그 취지는 기업분할로 근로관계는 이전되는 것이 원칙이라는 것을 전제한다는 것으로 읽을 수 있겠다.

그리고 이 판결 전에도 이미 대법원은 이러한 이치를 밝히고 있다. 즉 "기업의 일부가 분리독립하여 새로운 회사가 설립된 경우 신설 회사와 구 회사 사이에 기업의 동일성이 있고 구 회사에 속했던 노동자가 그 회사에서의 퇴직이나 신설 회사에의 신규입사절차를 거침이 없이 신설 회사에서 계속 근무하고 있다면, 신설 회사가 구 회사의 권리의무를 포괄승계하지 않은 경우라 할지라도 근로관계는 신설 회사에 포괄승계되어 노동의 계속성이 유지된다 할 것"이라고 판시한 바 있다(대법원 1987.2.24 선고 84다카1409 판결).

따라서 기업분할에서도 근로관계는 이전되므로 정리해고의 정당한 사유에 해당할 때에만 해고가 가능하다고 본다.

4. 근로관계의 종료

4-1. 사직서제출의 법적 효과
대상판결 : 대법원 1997.7.8. 선고, 96누5087 판결

I. 사건의 개요

피고보조참가인 산업디자인포장개발원(이하 '개발원')에서 공업포장개발부장으로 일하던 원고 남병화는 ① 직무를 태만히 하였고 ② 1994년도 포장기술진단 및 지도현황을 허위로 보고하여 근무기강을 문란하게 하였으며 ③ 사업추진에 차질을 빚게 하여 참가인의 공신력을 손상시키는 등의 비행을 저질렀다는 이유로 개발원 인사규정 제46조에 따라 1994.9.1. 해고되었다.

원고는 9.14. 서울특별시지방노동위원회(이하 '지노위')에 구제신청을 하는 한편 9.16. 개발원으로부터 퇴직금을 수령하였다. 지노위는 10.27. 원고에 대한 해고는 징계권의 남용으로 부당해고라고 인정하고 개발원에 대하여 원고를 원직에 복귀시키고 해고기간 중에 받을 수 있었던 임금상당액을 지급하라는 내용의 구

제명령을 하였다(94 부해 293호).

이 구제명령을 받게 되자 개발원은 11.8. 원고를 원직에 복귀시키면서 해고기간 동안의 임금을 지급한 후[1] 11.9. 원고에게 지급받은 퇴직금을 반환하라고 요구하였다. 한편으로 개발원은 11.10. 중앙노동위원회(이하 '중노위')에 재심신청을 하였고, 중노위는 12.23. 이 건 해고가 정당하다고 판정하면서 지노위 결정을 취소하였다(94 부해 286호).

이에 원고가 중노위 판정에 불복하여 서울고등법원에 소송을 제기하였고 대법원에까지 올라가게 된 것이다. 그런데 이 와중에 원고는 지급받은 퇴직금의 반환을 거부하면서 11.11. 개발원에 사직서를 제출한 후 출근하지 않고 있었다. 개발원은 자신이 행한 해고처분이 정당하다는 판정을 받아내기 위하여 사직서를 수리하지 않은 채 11월 15일과 24일, 12월 1일과 16일 등 네 차례에 걸쳐 다시 원고에게 퇴직금의 반환을 요구한 바 있다.

결국 이 사건은 해고의 정당성 여부를 따지는 데서 시작되었는데 도중에 사직서 제출의 법적 의미를 묻는 것으로 변질되었다. 원심인 서울고법은 수리되지 않은 사직서 제출은 무의미하다는 것을 전제한 후 설령 사직서 제출이 가지는 법적 의미(고용관계의 종료)를 인정한다 하여도 이 사건에서는 당초 해고의

1) 당시 노동조합법은 확정되기 전의 구제명령이라도 관계당사자가 반드시 이에 따르도록 하고 이 명령을 어길 때는 형사처벌(2년 이하의 징역 또는 3,000만원 이하의 벌금)까지 하도록 하고 있었다(구 노동조합법 제42조, 제46조). 그러나 이 조항은 헌법에 합치하지 않는다는 판정을 받았고(헌법재판소 1995.3.23. 결정, 92헌가14) 개정법은 중노위의 구제명령에 한하여 관할법원이 이행명령(위반시에는 과태료 부과)을 내릴 수 있는 길을 열어놓고 있다(노동조합 및 노동쟁의조정법 제85조, 제95조).

당부를 따질 법률상의 이익이 있으므로 본안심판을 하여야 한다고 보았다(그리고 이 사건 해고는 부당해고라는 결론을 내렸다. 서울고법 1996.2.13. 선고, 95구452 판결). 이에 대하여 대법원은 민법 제660조에 따라 사직서 제출 후 한 달(이 사건에서는 취업규칙에 따라 14일)이 지나면 근로계약관계는 해지된다고 보는 한편 중노위 재심판정 자체를 다툴 소의 이익은 없다고 하여 소를 각하하였다.

Ⅱ. 판결 요지

대법원은 근로자가 사직서를 작성하여 사용자에게 제출한 경우에, 특별한 사정이 없는 한, 그 사직서는 사용자와의 근로계약관계를 해지하는 의사표시를 담고 있는 것이므로 당사자 사이의 근로계약관계는 사용자가 그 사직서 제출에 따른 사직의 의사표시를 수락하여 합의해지(의원면직)가 성립하거나 민법 제660조 소정의 일정기간의 경과로 그 사직서 제출에 따른 해지의 효력이 발생함으로써 종료된다고 하여 대법원 1996. 7. 30. 선고 95누7765 판결을 확인하고 있다.

다만 "민법 제660조는 근로자의 해약의 자유를 보장하는 규정으로서 근로자에게 불리하지 않는 한 그 기간이나 절차에 관하여 취업규칙에서 이와 달리 규정하는 것도 가능하다고 할 것이므로 근로자가 사직할 때에는 일정한 기간내에 사용자의 승인을 얻도록 하고 있는 경우 근로자가 사직원을 제출하였으나 사용자가 승인을 거부할 합리적인 이유가 없는데도 승인을 하지 아니하고 있을 때에는 위 법조 소정의 기간(취업규칙에서 이보다 짧은 기간을 규정한 때에는 그 기간)이 경과함으로써 근로관계는 종료된다고 보아야 할 것"이라고 하여 원고가 사직원을 제출한 1994. 11. 11.부터 취업규칙에서 정한 14일이 경과한 날인 1994. 11. 26.자로 사직원 제출에 의한 해지의 효력이 생김으로써 원고는 그 날짜로 개발원 직원으로서의 신분을 상실하였다고 판단하였다.

나아가 참가인과 원고 사이의 근로계약관계가 위와 같이 종료되었다면 원고로서는 비록 이미 지급받은 해고기간 중의 임금을 부당이득으로 반환하여야 하는 의무를 면하기 위한 필요가 있거나 퇴직금 산정시 재직기간에 해고기간을 합산할 실익이 있다고 하여도 그러한 이익은 사실상의 이익에 지나지 않고, 또한 민사소송절차를 통하여 해결될 수 있는 것이므로, 중앙노동위원회의 재심판정을 다툴 소의 이익이 없다고 한다.

III. 평석

1. 사직서 제출의 법적 의미

근로관계를 종료시키는 사유에는 여러 가지가 있다. 노동법 교과서에는 대략 그 사유로 ① 기간의 정함이 있는 근로관계에서 기간의 만료, ② 합의해지, ③ 근로자에 의한 자진사퇴, ④ 사용자에 의한 해고, ⑤ 정년퇴직, ⑥ 당사자의 소멸(당사자의 사망, 법인격의 소멸, 합병·영업양도)과 같은 것들을 소개하곤 한다.[2)]

그런데 이들 사유는 크게 근로자측의 사정(의사)에 기한 것과 사용자의 발의에 따른 것으로 범주를 나눌 수 있고 노동보호법의 관심영역은 근로자의 의사에 기하지 않은 해고에 집중된다. 때문에 우리나라처럼 정당한 이유없는 해고를 금지시키는 명문의 규정을 두기도 하고 법해석을 통해 해고제한법리를 발전시키곤 한다.

한편 근로자측의 사정에 따른 고용종료에 대해서는 법해석에 맡겨두고 있다. 특히 이 영역에서는 노사간의 힘의 우열을 논할 필요가 없기 때문에 사적자치의 원칙이 지배하게 된다. 법률행위, 의사표시 일반에 관한 민법의 규정들이 적용된다는 것이다. 물론 민법의 적용을 인정하는 논리에 대해서는 견해가 일치되는 것은 아니다. 노동법과 민법을 특별법과 일반법의 관계로 보는 학자들은 노동법에 정한 바가 없을 때는 민법의 관련규정이 당연히 적용된다고 보는 데 반해 이 두 법영역을 전혀 별개의 것으로 보는 견해에 따르면 노동법에서 정하고 있지 않은 사안에 대해서는 법해석 일반으로 귀결시킨다. 다시 말하자면 민법의 관련규정이 당연히 적용되는 것은 아니라는 태도이다. 그러나 어느 견해를 취하든 근로자측의 사정에 따른 고용종료의 영역에서는 민법의 관련규정이 적용된다는 것으로 정리할 수 있겠다(물론 근로자에게 불이익이 되지 않을 때).

근로자측의 사정으로 인한 고용종료의 대표적인 모습은 근로자가 사직서를 제출하고 사용자가 이를 수리하는 것으로 나타난다. 이러한 형태는 노사가 어느 날 계약서를 작성하여 근로관계

---

2) 김형배, 근로기준법, 박영사, 1993, 641쪽.

를 종료시키는 것과 꼭같은 법적 의미를 가지는데 이를 합의해약(합의해지)이라 볼 수 있다. 다만 외형은 사직서의 제출이지만 실제는 해고인 경우가 있다. 예컨대 사용자가 사직의 의사 없는 근로자로 하여금 어쩔 수 없이 사직서를 제출하게 한 후 이를 수리하는 소위 의원면직의 형식을 빌려 근로계약관계를 종료시키는 경우처럼 근로자의 사직서 제출이 진의 아닌 의사표시에 해당하여 무효가 될 때 사용자의 사직서 수리행위는 실질적으로 사용자의 일방적 의사에 의하여 근로계약관계를 종료시키는 해고에 해당한다(대법원 1991.7.12. 선고, 90다11554 판결 등). 이 때 해고의 법리가 적용된다는 것은 분명하다.

문제는 사용자가 사직서를 수리하지 않을 때 생기게 된다. 이 사건 대법원 판결은 민법 제660조에 따라 한 달이 지나면 근로관계가 종료된다고 보는 데 반해 고등법원은 사용자의 사표수리가 없으면 근로관계는 존속한다고 본다. 그러나 고등법원의 논리는 결국 근로관계는 합의해약을 통해서만 종료된다고 이해하는 것이어서 근로자의 일방적 해지를 인정하지 않는 것이 되고 만다. 아니면 직장에서 떠날 때는 사직서가 아니라 무단결근이라는 행태를 통해서 가능하다는 논법이다. 이러한 논리는 궁극적으로는 근로자의 퇴직의 자유를 지나치게 제한하는 것이 된다.

고등법원은 그 논리의 근거로 "근로자가 사직원의 제출방법에 의하여 근로계약관계의 합의해지를 청약하고 이에 대하여 사용자가 승낙함으로써 당해 근로관계를 종료시키게 되는 경우 근로자는 사직원의 제출에 따른 사용자의 승낙의사가 형성되어 확정적으로 근로계약 종료의 효과가 발생하기 전에는 사직의 의사표시를 자유로이 철회할 수 있다고 할 것"이라고 하면서 대법원 1992.12.8. 선고, 91다43015 판결을 제시하고 있다. 따라서 1994. 11.11. 사직서를 제출했지만 수리되지 않은 상태여서 1995.12.8. 사직의 의사표시를 철회하였기 때문에 사직서 제출은 무의미하다는 것이다.

그러나 고등법원이 제시하고 있는 이 대법원판결의 사실관계는 실은 근로자가 사직서를 제출하자 사용자측이 당사자와 근로관계의 존속을 합의해 놓고 1년여가 지난 시점에서 예전에 제출한(이제는 무의미한) 사직서를 근거로 근로관계를 종료시킨 것이어서 근거판례가 될 수 없다. 기실 이 판결에 앞서 대법원은 1992.4.10. 선고, 91다43138 판결에서도 같은 견해를 밝히고 있는데 이 사안은 사직서에 기재된 사직일 전에 사직의 의사표시를 철회한 경우이기 때문에 역시 유사한 사안으로 보기 어렵다.

요컨대 근로자가 사직서를 제출할 때 사용자의 반응과 관련하여 그 법적인 의미는 두 가지로 정리할 수 있겠다. 하나는 사용자가 이를 수리하는 경우인 합의해약이고, 다른 하나는 사용자가 이를 수리하지 않는 경우인데 이는 근로자의 근로계약 해지라고 하겠고 그 효력은 민법 제660조에 따라 한 달이 지나면 나타난다고 이해할 수 있다. 취업규칙으로 그 기간을 단축시키는 것은 근로자에게 유리하므로 유효하다. 근로자의 해지권 행사로 근로계약관계가 소멸될 때 그 날짜를 사용자가 근로자에게 통보하는 것은 관념의 통지일 뿐 근로기준법상의 해고가 아니라는 판결이 있다(대법원 1996.7.30. 선고, 95누7765 판결).

2. 이 사건 소의 이익

다음으로 소송절차와 관련하여 하나 의문은 과연 이 사건에서 해고문제는 소송을 제기할 법률상의 이익이 없는 것인가 하는 점이다. 고등법원은 해고기간 동안의 임금의 반환의무를 면하기 위해서나 퇴직금 산정기간의 기초가 되는 재직기간의 범위에 해고기간을 산입하기 위하여는 재심판정(중노위판정)의 공정력을 배제할 실익이 있기 때문에 그 취소를 구할 법률상의 이익이 있다고 본 반면 대법원은 그것은 사실상의 이익일 뿐이라고 한다.

근로관계의 종료시점을 해고 당시인 1994.9.1.로 잡느냐 근로관계 해지일인 1994.11.26.로 잡느냐 하는 데 대해 당사자가 소송을 제기할만한 법률상의 이익이 있느냐 하는 문제이다. 외형상으로는 어느 날로 잡든 법적인 문제는 생기지 않을 듯하다. 그러나 그 내면을 보면 고등법원이 지적하는 문제가 제기되고 특히 퇴직금 산정기준인 평균임금의 산정에 상당한 차이를 불러일으킬 수 있다. 따라서 이를 단순히 사실상의 이익에 불과하다고 보기는 어려울 듯하다.

그리고 대법원은 이는 민사소송절차를 통해서도 해결할 수 있다는 논거를 제시하고 있는데 이러한 태도는 근로기준법에서 부당해고와 관련하여 굳이 민사상의 구제수단 이외에 노동위원회를 통한 구제절차를 두고 있는 취지를 간과하고 있는 것은 아닌가 하는 의문이 든다.

4-2. 1년을 초과하는 계약기간을 정한 근로계약의 효력
대상판결 : 대법원 1996. 8. 29 선고, 95다5783 전원합의체 판결

Ⅰ. 기간의 정함이 있는 근로의 의의

최근 확산되고 있는 비전형근로 중의 하나가 '기간의 정함이 있는 근로'이다. 여기서 '기간의 정함'이란 '계약기간'의 정함을 말하는 것으로, 실제의 '고용기간'은 이와 다를 수 있다. 즉 실제의 고용기간은 계약에서 정한대로 단기간인 경우도 있지만, 그와 달리 명시적 또는 묵시적 갱신 등을 통해 장기간인 경우도 적지 않다. 또한 근로계약에 기간을 정하는 것이 사업의 임시적 필요를 위한 경우도 있지만, 실제로는 정규근로자와 마찬가지로 상시 사용하면서도 계약상으로만 정하는 경우도 적지 않다.

어쨌든 현실에서 기간의 정함이 있는 근로계약에 의해서 사용되는 근로자의 형태는 일용고, 임시공, 계절근로자, 계약사원, 아르바이트, 촉탁사원, 파트타임사원 등 매우 다양한 편이다. 기간의 정함이 있는 계약은 종전에는 주로 단순·보조 업무에서 많이 사용되었으나, 최근에는 상당한 전문직이나 관리직 업무에서도 상당히 사용되고 있다. 가령 대학교를 중심으로 한 연구직종에서 '계약직'의 형태로, 대기업을 중심으로 '촉탁직' 또는 '이사대우' 등의 형태로 이용되는 기간의 정함이 있는 근로계약이 그 대표적인 예이다.

우리 나라나 일본에서 사용자가 계약기간을 정하여 근로자를 채용하는 가장 큰 목적은 무엇보다도 고용의 유연화 및 경비절감에 있다고 할 수 있다. 즉 사용자는 기간의 정함이 있는 근로자를 고용함으로써 우선 노동법상의 엄격한 해고제한법규의 적용을 받지 않고 경기변동 등에 따라 고용량을 수시로 조정할 수 있다. 그리고 계약기간을 적절하게 이용함으로써 기간의 정함이 있는 근로자에 대해서 정규근로자에 비해 퇴직금 등 각종 수당을 절약할 수 있다. 이러한 사용자측에서의 장점은 기간의 정함이 있는 근로자에게는 그대로 단점으로 작용한다. 즉 기간의 정함이 있는 근로자는 근로관계상의 지위가 상대적으로 불안정하며 근로조건 또한 나쁘다. 특히 기간만료시 계약갱신에 관한 주도권이 원칙적으로 사용자에게 있기 때문에 기간의 정함이 있는 근로자는 계약의 존속여부에 관해 사용자에게 강한 종속성을 가지게 된다. 이와 같이 사용자측의 편의를 위해 주로 이용되는 기간이 있는 근로를 어떻게 법적으로 규율할 것인가 하는 게 노동법의 쟁점이 된다. 현행법(기간제 및 단시간근로자 보호 등에 관한 법률)은 2년을 초과하지 않는 범위 내에서 계약직근로자를 사용할 수 있도록 하고 있는데(동법 제4조), 구법(구 근로기준법 제23조)은 계약직근로자 고용기간의 상한을 1년으로 정하고 있었다. 이 사건은 구법(근로기준법이 1997년 개정되기 전의 법조문인 제21조의 규정)에 따른 것이다.

Ⅱ. 판결 요지

근로기준법 제21조는 “근로계약은 기간의 정함이 없는 것과 일정한 사업완료에 필요한 기간을 정한 것을 제외하고는 그 기간은 1년을 초과하지 못한다.”고 규정하고 있는 바, 그 입법취지는 장기의 근로기간을 정함으로 인하여 근로자가 퇴직의 자유를 제한당하게 됨으로써 장기간 근로의 계속을 강요당하는 것을 방지할 목적으로 근로자 보호를 위하여 1년을 초과하는 근로계약기간 부분의 근로관계에 있어서 근로자에게 퇴직의 자유를 보장하려는 것에 있고, 근로계약기간 부분의 근로관계에 있어서 근로자에게 퇴직의 자유를 보장하려는 것에 있고, 근로계약기간은 단지 근로계약의 존속기간에 불과할 뿐 ‘근로관계에 있어서 임금·근로시간·후생·해고 등 근로자의 대우에 관하여 정한 조건’을 의미하는 근로기준법 제20조 소정의 근로조건에 해당하지 아니하므로 근로계약 당사자는 원칙적으로 이를 임의적으로 정할 수 있으며, 따라서 1년을 초과하는 근로계약기간을 정하여 근로계약을 체결하였다 하더라도 그 계약기간의 정함 자체는 유효하므로 약정기간 범위 내에서는 사용자는 근로기준법 제21조를 근거로 단순히 근로자에게 1년의 기간이 경과하였음을 이유로 근로관계의 종료를 주장할 수 없고 다만 근로자로서는 1년이 경과한 후에는 언제든지 당해 근로계약을 해지할 수 있다 할 것이며, 한편 근로계약기간을 정한 경우에 있어서 근로계약 당사자 사이의 근로관계는 특별한 사정이 없는 한 그 기간이 만료함에 따라 사용자의 해고 등 별도의 조처를 기다릴 것 없이 당연히 종료된다.

III. 평석

이 판결은 1년을 초과하는 근로계약기간을 정한 경우에 그 근로계약은 1년의 계약기간을 가진 근로계약으로 인정되고, 그 이후의 근로관계는 특별한 사정이 없는 한 기간의 약정이 없는 것으로 보아야 한다는 기존의 판례법리(대법원 1989. 7. 11. 선고 88다카21296 판결)를 변경하였다. 그 논리에 따르면 당사자가 원하는 고용기간을 설정할 수 있다는 장점이 있는 반면 임시근로자의 법적 지위가 장기간 고착된다는 문제점이 있다.

이 판결을 포함하여 현재 기간의 정함이 있는 근로계약에 관한 근로기준법의 규정 및 이에 근거한 대법원판례상의 규율은 다음과 같다. 우선 그 기간을 1년 이내로 정한 경우에는 당해 계약이 반복갱신된 경우를 제외하고는, 기간의 설정한 이유를 묻지 않고 합법적이며, 정해진 기간이 만료됨으로써 근로관계는 자동적으로 종료한다. 둘째, 1년을 초과하는 기간을 정한 경우에도, 대법원 1996. 8. 29 선고, 95다5783 전원합의체 판결에 의하면, 그 계약기간의 정함 자체는 유효하기 때문에, 약정기간 범위 내에서는 사용자는 1년의 기간이 경과하였음을 이유로 근로관계의 종료를 주장할 수 없고, 다만 노동자로서는 1년이 경과한 후에는 언제든지 당해 근로계약을 해지할 수 있다. 그리고 근로계약기간을 정한 경우에는 근로관계는 특별한 사정이 없는 한 그 기간이 만료함에 따라 사용자의 해고 등 별도의 조처를 기다릴 것 없이 당연히 종료된다. 셋째, 근로계약의 기간이 만료된 후 노동자가 사실상 노무를 계속제공함으로써 행해진 묵시적 갱신의 경우에, 이후의 노동조건과 기간은 이전의 근로계약상의 그 것과 동일하다(대법원 1986. 2. 25. 선고, 85다카2096 판결). 넷째, 기간을 정하여 채용된 노동자라 할지라도 장시간에 걸쳐 그 기간의 갱신이 반복되어 그 정한 기간이 단지 형식에 불과하게 된 경우에는 사실상 기간의 정함이 없는 노동자의 경우와 다를 바 없게 되는 것이고 그 경우에 사용자가 정당한 사유없이 갱신계약의 체결을 거절하는 것은 해고와 마찬가지로 무효이다(대법원 제2부 1994. 1. 11. 선고, 93다17843 판결).

이러한 판례법리는 비판을 받고 있다. 근로계약의 기간에 관한 근로기준법 제23조의 취지를, 노동자의 고용보장이라는 측면에서, "기간을 정하지 않은 근로계약의 체결을 원칙으로 하면서, 사용자측의 특수한 사업목적이나 노동자의 진정한 요구 또는 사업상의 일시적·임시적 특별수요에의 대응등 예외적인 경우에 기간의 정함을 인정하되, 그 기간의 길이는 기간설정의 일시적·예외적 목적에 비추어 원칙적으로 1년으로 제한하는 한편, 건축·토목업에서와 같이 특정한 사업의 완료에 필요한 기간을 설정할 수요가 많은 경우에는 1년을 초과할 수 있도록 한 것"으로 본다. 이에 따라 기간의 정함이 있는 근로계약과 관련된 여러 문제도 다음과 같이 보아야 할 것으로 생각된다. 첫째, 1년 이하의 기간을 정한 경우에도 기간설정에 객관적이고 합리적인 이유가 있었던 경우에는 원칙적으로 기간의 만료에 의해 근로관계는 종료되는 것이지만, 기간설정의 객관적·합리적 사유가 없는 경우에는 처음부터 기간의 정함이 없는 근로계약이 체결된 것으로 보아, 기간의 만료에 의해 자동적으로 근로관계가 종료되는 것은 아니고, 해고의 정당한 이유가 있어야 한다. 그리고 단시간노동 그 자체가 기간설정의 객관적·합리적 이유가 될 수는 없다. 둘째, 1년을 초과하는 기간을 정한 경우에는 일정한 사업의 완료에 필요한 경우를 제외하고는 탈법을 목적으로 한 것으로 애초부터 기간을 정하지 않은 근로계약이 체결된 것으로 보아야 한다. 셋째, 계약기간 만료후 사실상의 노무제공으로 인한 묵시적 갱신이 이루어진 경우에, 이후 계약기간은 최후의 갱신시에도 기간설정의 객관적·합리적 이유가 존재하는가에 따라 판단하여야 한다. 마지막으로, 계약의 반복갱신에 의해 기간설정이 무의미하게 되었다면, 당해 계약은 기간의 정함이 없는 근로계약으로 되고, 이후의 갱신거절은 실질적으로 해고에 해당하기 때문에 갱신거절에 의해 근로관계가 종료되기 위해서는 근로기준법 제30조 제1항상의 '정당한 이유'가 있어야 한다.[3)]

3) 강성태, 비전형근로와 노동법, 대구대학교 출판부, 2000, 54-56쪽.

5. 복수노조의 존부

대상판결 : 대법원 2001.2.23. 선고, 2000도4299 판결

I. 머리말

1991년 ILO에 가입한 이후 우리 노동법체계에서 가장 논란이 되는 것은 아마도 복수노조 문제일 것이다. 왜냐하면 '단결권=단결선택권'이라고 등식화할 수 있고, ILO 역시 그 입장을 누누이 밝혀오고 있기 때문이다.

단결권에 관한 가장 기본적인 조약은 1948년 ILO 제31차 총회에서 채택된 제87호 「결사의 자유 및 단결권의 보호에 관한 조약」(Convention concerning Freedom of Association and Protection of the Right to Organise)이다. 그리고 이 조약에서 "모든 근로자와 사용자는 사전인가 없이 자신이 선택한 단체를 설립하고 가입할 권리를 어떠한 차별도 없이 보장받는다"고 밝히고 있다(제2조). 여기서 '어떠한 차별도 없이'란 성, 인종, 종교, 정치적 견해, 국적 등에 관계없이 군대와 경찰을 제외한 모든 근로자(공무원 포함)

와 사용자의 단결권이 보장됨을 뜻한다. 그리고 '사전인가를 받지 않고'는 단결권은 국가 자체를 포함하여 모든 사람으로부터 존중되어야 함을 밝힌 것이다. 그리고 '자신이 선택한 단체를 설립하고 가입할 권리'가 바로 복수노조의 당위성을 말하는 것이라 생각한다. 이와 관련하여 ILO 결사의 자유위원회는 기존노조와 조직대상이 같다고 새 노조 결성을 반대함은 조약에 위배된다고 하여 법개정을 권고한 바 있고(93차 보고서. Case No.303), 근로자들이 스스로 원해서 단일노조로 된 경우가 아니고 입법으로 단일노조를 규정하는 것은 조약에 어긋난다고 하였다(65차 보고서. Case No.266 ; 204차 보고서. Case No.956). 조약 및 권고의 적용에 관한 전문가위원회도 볼리비아가 일반노동법(General Labour Act, 1939년, 제103조)에서 50% 이상의 근로자가 가입해야만 노조결성을 가능케 하여 1기업 1노조 원칙을 규정한 데 대하여 노조선택권을 침해한 것이라고 피력하였다.1)

그런데 복수노조는 사용자로서는 대단히 껄끄러운 존재이다. 따라서 보수노조를 인정하면서 사용자에게 커다란 부담을 지우지 않는 방안을 모색하려고 하고, 그 대안의 하나로 미국의 배타적 교섭대표제도를 생각하고 있다. 미국의 단체교섭제도를 특징지우는 배타적 교섭대표제란 일정한 단위(적정교섭단위)에 속하는 근로자의 다수에 의해서 선출된 대표만이 그 단위내의 근로자를 위하여 사용자와 단체교섭을 하는 권한이 인정되는 제도를 말한다. 그러나 이 작업이 지지부진하여(현재 2010년으로 유예) 복

1) 홍기갑, "ILO 제 87 호 조약에 관한 연구", 숭실대학교 대학원 박사학위논문, 1990, 90쪽 참조.

수노조 문제는 현재진행형이다.

때문에 이 문제에 관한 해석론과 입법론을 검토하면서 바람직한 해법을 찾아보는 것은 여전히 의미 있는 작업이다. 대상판결을 소재로 삼아 그 해법에 접근해보자.

II. 사건의 개요

남성운수합자회사는 상시근로자 59명을 고용하여 택시운수업을 하고 있는데, 이 회사에는 성남지역택시노동조합 남성운수분회가 있다. 남성운수의 대표이사인 피고인과 남성운수분회 분회장을 대신한 신○○은 1997.8.20. 단체협약서, 임금협약서 등 단체협약을 체결(단체협약 체결 당사자로 성남지역택시노동조합 남성운수합자회사노동조합이라고 표기)하였다. 이 가운데 임금협정서 제17조에는 "여건 변동시 노사 합의로 갱신"할 수 있다고 명시하고 있었다. 1998.3.1.부터 택시요금이 인상됨에 따라 피고인은 남성운수분회 분회장과 1998.4.30. 사납금인상안에 관한 노사합의서를 체결하였다. 그 뒤 피고인은 위 사업장에 재직하고 있는 근로자 50명에 대하여 임금지급일인 1998.6.10. 지급하여야 할 1998년 5월분 임금 중 6,690,000원 및 1998.7.10. 지급하여야 할 1998년 6월분 임금 중 11,230,000원 등 합계 금 17,920,000원을 위 노사합의서상 운송수입금 최하한선(사납금) 인상을 근거로 지급하지 않았다. 이에 대하여 검사는 피고인을 근로기준법 위반으로 약식 기소하였고, 피고인은 이에 불복하여 정식재판을 청구하였다.

검사는 남성운수분회는 성남지역택시노동조합의 분회로서 노조법 제10조 제1항에 의한 설립신고를 따로 한 바 없어 성남지역택시노동조합의 위임 없이는 단체협약을 체결할 수 없다고 판단하고 있다. 즉, 남성운수의 1997.8.20. 단체협약 체결은 성남지역택시노동조합 위원장으로부터 위임을 받은 신○○가 체결하였던 것이기 때문에 유효한 것이지만, 남성운수분회 분회장이 1998. 4.30. 피고인과 체결한 운송수입금 최하한선(사납금)인상안에 대한 노사합의서는 성남택시노조 위원장으로부터 위임을 받음이 없이 단독적으로 합의한 것이므로 무효이고, 따라서 위와 같이 임금을 지급하지 아니 한 것은 근로기준법 위반이라고 주장하였다. 하지만 피고인은 노동조합으로서의 실체를 갖추고 있는 한 근로조건의 결정권이 있는 지부 분회는 설립신고 여부와 관계없이 단체협약을 체결할 수 있다고 주장한다.

이에 대해 원심인 수원지방법원(2000.8.30. 선고 99노3153 판결)은 근로자의 단체가 자주성과 사단으로서의 조직성을 구비하고 있으면, 비록 설립신고를 마치지 않았다고 하더라도 노동조합으로서 단체협약 체결능력이 있고, 또 근로조건의 결정권이 있는 독립된 사업장에 조직된 노동조합 지부 또는 분회 등도 단체협약의 당사자가 될 수 있다 할 것인바, 성남지역택시노동조합 남성운수합자회사노동조합은 노동조합의 설립신고를 마치지 않았을 뿐 노동조합으로서의 실질적 요건을 갖추고 있었던 것으로 인정되고, 따라서 피고인이 성남지역택시노동조합 남성운수합자회사 노동조합의 대표자와의 합의에 따라 근로자들의 임금을 지급하지 아니하였다고 하더라도 이는 단체협약에 따른 것이어서 정당하다고 판시하였다.

이에 검사는 노동조합은 설립신고가 강제되어 있고(노조법 제10조), 근로조건의 결정권이 있는 독립된 사업 또는 사업장에 조직된 노동단체는 지부, 분회 등 명칭여하를 불구하고 노동조합의 설립신고를 할 수 있으며(노조법시행령 제7조), 단체협약권의 권한을 위임 가능하도록 규정하고 있어(노조법 제29조 제2항) 지부, 분회는 독자적으로 설립신고를 하지 아니한 이상 노조로부터 그 권한을 위임받지 못하는 한 단체협약권이 없다는 이유로 상고하였다.

III. 판결 요지

이에 대하여 대법원은 노동조합의 하부단체인 분회나 지부가 독자적인 규약 및 집행기관을 가지고 독립된 조직체로서 활동을 하는 경우 당해 조직이나 그 조합원에 고유한 사항에 대하여는 독자적으로 단체교섭하고 단체협약을 체결할 수 있고, 이는 그 분회나 지부가 노조법시행령 제7조의 규정에 따라 그 설립신고를 하였는지 여부에 영향 받지 않는다라고 노조 분회나 지부의 단체교섭 당사자지위에 관한 법리를 밝히면서, 남성운수합자회사에서의 임금공제는 피고인이 노동조합의 설립신고를 마치지 않았을 뿐 노동조합으로서의 실질적 요건을 갖추고있던 성남지역택시노동조합 남성운수지부 대표자와 체결한 단체협약에 따른 것이어서 정당하다는 이유로 무죄를 선고한 원심의 조치는 위와 같은 법리에 따른 것으로서 정당하다며 검사의 상고를 기각하였다.

Ⅳ. 평석

1. 산별노조와 기업별노조의 병존 여부

산별노조와 기업별노조간의 조직대상의 중복과 관련하여서는 하급심 판결을 중심으로 세 가지 입장이 대립하고 있다. 병존허용설, 병존부정설, 절충설 등이 그것이다.[2]

1) 병존허용설

병존허용설은, 금지되는 복수노조에 해당하기 위해서는 기존노조와 신설노조가 모두 동일한 '하나의 사업 또는 사업장' 단위로 조직되는 기업별 단위노동조합이어야 한다는 것을 전제로 한다. 초기업적 내지 기업횡단적으로 조직되는 노동조합은 그 조직형태가 단위노조이든 연합단체이든 관계없이 제2노조의 설립을 허용하고자 하는 것이 법개정의 기본적 취지라고 본다. 따라서 이 입장에 의하면 기존의 노조가 산업별, 지역별, 업종별, 그룹별 등 초기업별로 설립된 단위노조라면 어떠한 기업의 근로자를 조직대상으로 하더라도 부칙 제5조에서 금지되는 유형에 해

2) 이승욱, "산별노동조합의 노동법상 쟁점과 과제", 노동법연구 제12호, 2002 참조.

당하지 않기 때문에 산별노조간의 병존이 있는 경우는 물론이고, 산별노조가 있는 경우에도 그 조직범위 내에 있는 기업을 대상으로 하는 기업별 단위노조의 설립은 금지되지 않는다고 한다. 반대로 기업별 단위노조가 기존 노조로서 존재하더라도 당해 기업의 종업원을 포함하는 초기업별 단위노조를 제한없이 설립할 수 있다고 한다.

결국 이 견해에 따르면 노조법상 설립이 금지되는 조직대상의 중복은 기존의 노동조합이 기업별 단위노동조합이고 새로 조직된 제2의 노조 역시 기업별 단위노동조합인 경우에만 발생한다는 것이다(부산지법 1998. 10. 9, 99카합5827; 수원지법 1999. 5. 13, 98구1437).

2) 병존부정설

이에 대하여 병존부정설은 단위노조, 지부, 분회 등 명칭을 불문하고 하나의 기업내에서 조직대상이 중복되는 복수 노조를 설립할 수는 없다고 한다. 일부 하급심 판결과 노동부가 취하는 견해이다.

이 입장을 취하는 판결에 의하면, "교섭창구단일화를 위한 단체교섭의 방법 등 필요한 사항이 마련되지 아니한 상황에서 특정 사업(장)의 근로자들이 지역단위노조에 가입하고 있는 경우 당해 사업(장) 근로자 일부가 다른 지역노동조합에 가입하는 것을 허용하는 것은 하나의 사업(장)에 사실상 복수노조가 존재하게 되어, 노동조합의 분열로 인한 교섭력의 약화, 노동조합 상호간의 경쟁과 교섭창구의 이중화로 인한 노사관계의 혼란 등을 야기하게 되므로 복수노조의 설립을 허용하면서도 부칙에서 하나의 사업 또는 사업장의 경우에는 2001. 12. 31.까지 단체교섭권을 가지는 복수노조를 인정하지 아니한다는 입법취지에 반하는 결과가 된다"고 하고 있다(부산고법 2000. 4. 12, 90나7794).

노동부도 마찬가지로 노조법 "부칙 제5조 제1항은 하나의 사업(장)에 조직대상이 중복되는 복수노조의 존재에 따른 단체교섭상의 혼란을 방지하기 위한 취지에서 마련된 규정"이기 때문에 산별노조의 대표자라고 하더라도 노조법 제29조 제1항에 의해 그 조직형태에 관계없이 소속 조합원을 위하여 조합원과 근로관계를 맺고 있는 사용자와 단체교섭을 할 수 있으므로 "동법 부칙 제3조 제1항에서 하나 사업(장)에 노동조합이 조직되어 있는 경우라 함은 기업별 노동조합이 조직되어 있는 경우뿐만 아니라 당해 사업(장)의 근로자가 산업별·지역별·직종별 노동조합에 가입하고 있는 경우도 포함된다고 봄이 타당"하다고 한다(노조 68107-93, 2001. 1. 20).

따라서 이 견해에 따르면, 동일한 기업을 대상으로 조직된 기업별 노조가 병존하는 경우는 물론이고, 산별노조가 먼저 설립이 되든 기업별 노조가 먼저 설립이 되든 관계없이, 그 노조가 특정 기업의 근로자를 조직대상으로 이미 포섭하고 있다면, 이후에 설립된 노조는 조직대상이 중복되는 것으로 본다.

3) 절충설

절충적 입장에서는 부칙 제5조 제1항에서 설립이 금지되는 노동조합은 원칙적으로 기업별 단위노조를 의미하는 것이기는 하지만, 초기업별 노동조합의 지부가 독립된 근로조건의 결정권이 있는 하나의 사업 또는 사업장을 대상으로 하여 조직되어 있고 독자적인 규약 및 집행기관을 가지고 독립적인 단체로서 활동을 하면서 단위노조의 위임에 의하지 아니하고 독립한 단체교섭 및 단체협약체결능력을 가지는 등 사실상 기업별 단위노조와 유사한 기능을 수행하고 있는 경우에는 설립금지되는 노동조합에 해당한다고 하는 입장이다.

이 견해는 현행 노조법 부칙 제5조 제1항은 복수노조의 설립을 금지한 구 노동조합법의 규정이 부당하다는 반성적 고려에서 현행 노조법이 표명하고 있는 노조설립 자유의 원칙에 대한 한시적인 예외규정으로 마련된 것에 불과하다는 점에 비추어 가급적 제한적으로 해석되어야 한다는 점을 출발점으로 하고 있다. 이러한 전제 하에서, 구 노동조합법에서는 "하나의 사업 또는 사업장"이라는 제한이 없이 전면적으로 복수노조를 금지하고 있는데 비하여 현행 노조법 부칙 제5조 제1항은 "하나의 사업 또는 사업장"으로 제한하고 있다는 점, 동조는 하나의 사업 또는 사업장에 '노동조합에 가입한 근로자'가 있는 경우를 말하는 것이 아니라 '노동조합'이 조직되어 있는 경우를 규정하고 있다는 점에서, 이 조항에서 말하는 노동조합이란 법조항의 문리해석상으로 하나의 사업 또는 사업장을 단위로 조직된 기업별 단위노동조합을 의미한다고 해석하여야 한다고 하고 있다(서울행정법원 2000. 6. 29, 2000구9860).

이 입장에 따르면, 산별노조가 병존하는 경우에는 특정 기업의 종업원이 교차로 조합원이 된다고 하여도 조직대상의 중복에 해당하지 않는 것으로 보게 될 것이다. 따라서 이 점에서는 병존긍정설과 같은 입장에 있다. 그러나 초기업별 단위노조의 지부 또는 분회가 산하단체로서 설립신고를 하고 설립신고증을 교부받은 경우 또는 독자적인 규약과 집행기관을 가지고 독립한 단체로 활동하면서 상급단위노조의 위임없이 독립적으로 단체교섭과 단체협약체결을 할 수 있는 능력이 있다면, 기업별 단위노조에 준하는 노조로서 부칙 소정의 설립금지노조에 해당한다고 본다(같은 취지의 판결로는, 부산지법 2000. 7. 25, 2000카합351; 부산지법 2000. 2. 11, 2000카합53; 서울행정법원 2000. 6. 29, 2000구9860).

요컨대 절충설에서는 조직대상의 중복으로서 금지대상이 되는 경우로서 두 가지 경우를 상정하고 있는데, 하나는 산별노조의 지부 또는 분회가 산하단체로서 설립신고를 하고 설립신고증을 교부받은 경우, 다른 하나는 산별노조의 지부 등이 독자적인 규약과 집행기관을 가지고 독립한 단체로 활동하면서 산별노조의 위임없이 독립적으로 단체교섭과 단체협약체결을 할 수 있는 능력이 있는 경우가 여기에 해당한다. 절충설을 전제로 하는 경우에 후자는 문제가 없다고 생각되나, 전자, 즉 지회 등이 설립신고를 하고 설립신고증을 받은 경우에 대하여도 조직대상의 중복을 인정하는 것은 타당하지 않다. 지부로서의 설립신고 여부와 독립한 단체인지 여부는 전혀 성질을 달리 하기 때문에 동일한

선상에서 비교할 수 없는 것이다. 따라서 절충설을 취한다고 하더라도, 이 판결에서 말하는 조직대상의 실질적인 중복이 발생하는 경우는 설립신고 여부와 관계없이 오로지 후자, 즉 산별노조의 지부 등이 독자적인 규약과 집행기관을 가지고 독립한 단체로 활동하면서 산별노조의 위임없이 독립적으로 단체교섭과 단체협약체결을 할 수 있는 능력이 있는 경우로만 한정하여 이해하는 것이 합리적이라고 생각한다.

2. 현행법에 근거한 문제 해결

1) 문제의 근원

병존허용설은 노조법 부칙 제5조가 노동조합설립 및 선택의 자유를 침해하는 성격을 가지고 있기 때문에 가능한 한 제한적으로 해석되는 것이 바람직하다는 사고를 배경으로, 부칙 제5조를 문리해석으로 한정하여 엄격하게 해석하고 있다. 반면에 병존부정설은 단체교섭상의 혼란방지를 목적으로 하기 때문에 그 목적에 부합하지 않은 상태는 그것이 '설립'으로 초래되었든 '가입'으로 초래되었든 관계없이 모두 법이 금지하는 조직대상의 중복에 해당한다고 하여 목적론적으로 해석하고 있다.

양 견해의 차이는 현행법 부칙 제5조의 입법취지를 전혀 다르게 파악하고 있는 데에서 기인한다. 병존허용설은 노조설립과 선택의 자유를 지향하는 방향으로 입법이 이루어졌다고 보는 반면, 병존부정설은 구 노동조합법에서와 마찬가지로 교섭상의 혼란방지라는 입법목적이 계속되고 있는 것으로 보고 있다. 절충설은 기본적으로는 병존허용설이 파악하는 입법취지를 전제로 하면서도 그러한 입법취지와 상충하는 상태에 대해서는 실질적으로 파악하여 구체적으로 타당성 있는 결론을 도출하고자 한다. 따라서 현행법의 입법취지를 분명히 한 후에 산별노조와 관련한 조직대상의 중복문제를 살펴 볼 필요가 있다.

2) 구법의 '복수노조금지'와 현행법의 '복수노조설립금지'

구 노동조합법상 '복수노조금지'와 현행 노조법 부칙에 따른 '복수노조설립금지'는 그 취지, 지향점, 규정형식 및 체계, 내용의 면에서 본질적인 차이가 있다.[3)]

먼저, 양 법은 그 취지와 지향점을 완전히 달리하고 있다. 구 노동조합법 제3조 단서 제5호는 기존 노조의 기득권을 보장하기 위하여 기존 노동조합에 대한 경쟁노조의 출현가능성을 원천적으로 봉쇄하는 데 기본적인 목적이 있었다고 할 수 있다. 그 목적을 달성하기 위해서 구 노동조합법은 경합하는 또는 경합할 가능성이 있는 노동조합을 노동조합의 정의에서 배제함으로써 노동조합으로서의 지위 그 자체를 부정하는 극단적인 방법을 택하였다.

반면에, 현행 노조법상 복수노조설립유예에는 구 노동조합법과 달리 복수 노조를 원칙적으로 전면적으로 허용하면서 다만 하나의 기업 내에 복수노조가 병존하는 경우에 발생하는 혼란과 부

---

3) 이승욱, 앞의 글(2002), 174-182쪽 참조.

작용을 예방하고 행정관청으로 하여금 교섭창구단일화를 위한 단체교섭의 방법, 절차 등을 강구할 시간적 여유를 부여하기 위한 취지에서 복수노조의 설립을 일정한 기간 동안 유예하는 부칙 제5조 제1항의 경과규정을 둔 것이라고 할 수 있다(수원지법 1999. 5. 13. 98구1437).

결국 구 노동조합법이 애당초 복수노조의 출현을 원천적으로 금지하는 방법을 취하여 단결권을 억제하는 방향을 지향하고 있었다면, 현행 노조법은 특정한 경우에 대하여 예외적·잠정적으로 복수노조의 설립을 억제하고 있기는 하지만 그 원칙에 있어서는 단결권에 대한 제한을 완전히 해소하여 설립자유주의를 지향하고 있다는 점에서 기본적인 취지나 지향점을 완전히 달리하고 있다. 바꾸어 말하면 구 노동조합법이 기업 내에서 노동조합의 병존 그 자체를 봉쇄하는 데 그 기본적 목적이 있다면, 현행 노조법의 전체적인 취지는 기업내 복수노조의 병존 그 자체는 허용하되, 이로 인한 단체교섭상의 혼란을 피하기 위하여 단체교섭의 일원화를 의도하는 데 입법의 주된 목적이 있다고 할 수 있는 것이다.

둘째, 법의 형식과 체제의 면에서도 양 법은 차이가 있다. 구 노동조합법은 복수노조에 해당하는 조직에 대하여 노동조합의 정의를 규정하고 있는 구 노동조합법 제3조에서 노동조합의 결격사유로서 정의하고 있다. 따라서 구법에 따르면 기존의 노동조합이 있는 상태에서의 복수노조는 애당초 노동조합이 될 수가 없다. 그러나 현행 노조법은 복수노조라고 할지라도 노동조합으로서의 성격은 부정하지 않고, 다만 부칙에서 새로운 노동조합을 '설립'하고자 하는 경우에 그 설립신고서를 행정관청이 '반려'하도록 규정하고 있을 뿐이다(법 부칙 제5조 제2항).

셋째, 입법체계의 측면에서도, 구 노동조합법이 본문에서 복수노조에 대해 노동조합으로서의 결격사유로 규정하여 원칙적인 금지를 전제로 하고 다만 조직대상을 같이 하지 않고 기존 노동조합의 정상적 운영을 방해하지 않을 것을 목적으로 하는 경우에만 예외적으로 복수노조를 허용하였다. 그러나 현행법은 본문에서 원칙적 복수노조의 허용을 규정하고 다만 부칙에서 예외적으로 '하나의 사업 또는 사업장'에 조직된 '새로운' 노동조합의 설립만이 배제되고 있다. 구 노동조합법은 복수노조의 원칙적 금지를 전제로 하는 반면, 현행법은 복수노조의 원칙적 허용을 전제로 하고 있는 것이다. 노동조합의 자유설립주의 내지 근로자의 단결선택권은 단결권의 본질적 부분에 속하는 것이고 이를 제한하는 법은 가능한 한 최소한에 그쳐야 한다는 것이 기본권 제한의 법리라는 점을 고려하면, 현행법상 부칙에 의한 본문규정의 제한은 가능한 한 엄격하게 해석할 필요가 있다. 따라서 부칙규정을 확대해석하는 것은 근로자의 단결선택권을 침해하는 결과를 야기하기 때문에 기본권제한의 법리, 나아가 법해석의 기본원리에 반한다.

넷째, 내용의 면에서도 양 법은 확연한 차이가 있다. 구 노동조합법 제3조 단서 제5호는 새로 결성되는 근로자단체가 「기존 노동조합과 조직대상을 같이」(전단) 하거나 「그 노동조합의 정상적인 운영을 방해하는 것을 목적으로 하는 경우」(후단)에는 그 노동조합에 대해 노동조합으로서의 지위 그 자체를 포괄적으로

부정하는 내용으로 규정되고 있었다. 반면에 현행 노조법 부칙 제5조 제1항에 따르면 ① "하나의 사업 또는 사업장"에 노동조합이 조직되어 있는 경우에는 그 노동조합과 ② "조직대상을 같이 하는" ③ "새로운" 노동조합을 ④ "설립"할 수 없다. 따라서 구법과 비교하면 ②의 요건은 동일하지만 현행법은 그 이외에 ①, ③, ④라는 새로운 요건을 추가하고 있음을 분명히 알 수 있다.

3) 소결

따라서 부칙 제5조가 일정한 기간 동안 그 설립을 유예하고 있는 복수노동조합은 '하나의 사업 또는 사업장'을 조직대상으로 하여 조직되는 기업별 단위노동조합이라고 제한적으로 해석하는 것이 타당하다(병존긍정설). 노조법 부칙 제5조는 헌법상 단결선택권을 제한하고 있기 때문에 여전히 위헌의 혐의를 벗어나기 어렵다. 따라서 가능한 한 단결권을 침해하지 않는 방향으로 제한적으로 해석되어야 한다.

'하나의 사업 또는 사업장'에 조직되어 있지도 않고, 조직대상도 기업별 노동조합과는 다른 산업별 노동조합은 이미 기업 내에 기업별노동조합이 있는 경우에도 기업내 지부를 설립하거나 기업내 지부가 없는 경우에는 당해 기업의 근로자를 조합원으로 가입시킬 수 있다고 해석하여야 한다.

3. 입법을 통한 정리

그러나 이렇게 해석한다고 해도 여전히 복수노조 금지의 기본 한계는 여전히 남는다. 현행법의 해석을 통한 문제 해결에는 끊임없는 논란이 예견되기 때문이다. 이는 구 노조법이나 현행법이나 본질적으로 다르지 않다. 따라서 문제는 처음부터 다시 검토할 필요가 있다. 구 노조법 시대의 복수노조 금지제도 존폐 논쟁은 여전히 유효하다는 것이다.

결론적으로 구 노조법 제3조 단서 5호는 단결권의 본질적인 내용을 침해하는 조항이므로 헌법에 반하는 위헌적인 조항이고 당연히 폐지되어야 한다고 생각한다. 왜냐하면 단결선택의 자유는 단결권의 핵심적인 내용이기 때문이다. 따라서 동 조항의 존치를 주장하는 논리는 수용하기가 어려울 것이다. 이것이 또한 ILO의 기본입장이기도 하다. 노조법 제3조 단서 5호는 노동조합 내부의 알력으로 인한 부당경쟁을 방지하고 어용조합의 성격을 띠는 제2노조의 출현을 금지함으로써 기존 노조의 정상적인 운영을 방해하지 못하도록 해서 노동조합의 조직과 관련한 분규를 사전에 예방하기 위한 입법의도 아래 제정 및 개정된 조항이라고 할 수 있다.

그러나 이 규정은 근로자의 단결선택권 및 노조자유설립주의를 함의하는 헌법 제33조 1항의 내용을 침해하는 성격을 띠고 있다는 점 역시 부인할 수 없을 것이다. 즉, 우리 헌법 제33조는 자주적인 단결권을 보장하고 있는 바, 보통 단결권의 주체는 근로자 개인과 단결체(노동조합)라고 설명되고 있다. 근로자 개인적 측면에서의 단결권은 노동조합을 조직할 수 있는 권리와 자신이 원하는 조합에 가입하고 그 조합에 머무를 수 있는 권리를 말하는 바, 이에는 당연히 '노조자유설립권'과 '단결선택권'이 포함되는 것이다. 그리고 단결체(노동조합)의 단결권은 노동조합의 존립과 그 활동에 관한 권리를 말하는데, 이 권리의 내용으로는 그 단결체가 다시 결합하여 상급 단결체를 결성하거나 자신이 원하는 상급 단결체에 가입할 수 있는 권리가 포함된다. 구노조법 제3조 단서 5호는 바로 이 근로자 개인과 단결체가 향유하는 단결선택권과 노조자유설립권을 침해하고 있는 것이다.

그렇다면 문제는 이 조항이 꾀하는 정책목표와 (단결권이라는) 기본권 제한 사이의 정당성과 형평, 그리고 기본권제한의 한계를 어떻게 조화롭게 해석하느냐 하는 데 달려 있다. 이 문제를 해결하기 위해서는 동 조항을 좀더 나누어 살펴봄이 바람직하다.

첫째로, 단서 5호 중 "조직이 기존 노동조합과 조직대상을 같이하거나"라는 문구는 노조의 조직 범위와 형태의 결정권을 전적으로 기존노조에 맡김으로써 기존노조의 조직대상에 포섭되는 일체의 새로운 노조의 설립을 금지하는 것이 되고 경쟁적인 복수노조의 존재 가능성을 완전히 배제하여 헌법 제33조 위반임이 분명하다.

둘째로, "조직이 기존 노동조합의 정상적인 운영을 방해하는 것을 목적으로 하는 경우"라는 문구는 해석 여하에 따라서는 선의의 제2노조의 존재 가능성은 보장하면서 다만 기존의 민주·자주 노조(bona fide union)를 파괴하려는 악의의 제2노조의 출현만을 방지하려는 것이라고 볼 수도 있다.

그러나 설립된 제2노조의 선의, 악의를 구분한다는 것은 불가능에 가깝다(그 판단은 수년간에 걸쳐 그 노조가 어떻게 활동하였는지를 보고 결정되는 것이지 설립과 동시에 소위 어용이냐 민주냐를 판가름할 수는 없는 것이다). 그리고 조직 대상이 동일한 여러 노조가 병존하여 활동할 때 그들 사이의 경쟁은 필연적인 현상인데도 이를 기존노조의 시각에서 본다면 제2노조는 모두 기존노조의 정상적인 운영을 방해하는 것이 되기 마련이라는 점에 비추어 이 조항으로 인해 기본권(단결권)이 지나치게 제한을 받을 뿐더러 그 정당성 역시 의심스럽기 때문에 위헌의 소지가 크다고 하겠다.[4)]

다만, 동 조항의 폐지가 곧 복수노조의 강제를 의미하는 것은 아니다. 기존 노조에 적극 가담하여 기존 노조를 자주민주화함으로써 기존의 단일노조를 유지할 것인가 또는 제2의 노조를 결성할 것인가 하는 방법론의 문제는 원칙적으로 근로자들이 자율적으로 결정하여야 한다는 것을 뜻할 뿐이다. 동 조항의 폐지는 이러한 근로자의 자율 선택권을 법적으로 보장한다는 것을 의미하는 것이다.

실제적인 효과의 면을 볼 때도 복수노조는 허용되어야 한다. 노노분쟁과 이로 인한 단결력의 약화, 노사분쟁으로의 비화를 우려하는 견해가 전적으로 부당하다고 볼 수는 없겠지만, 단일노조의 강제가 기존 노조의 어용화에 결정적인 요인으로 작용했고 노조의 대표성 문제를 불러 일으켰다는 점 역시 부인할 수는 없을 것이다. 설사 노노분쟁이 있을 수 있다 하여도 이를 근로자 스스로 해결할 수 있도록 유도하여야지 처음부터 제도적으로 봉쇄하는 것은 옳지 않다.

4) 김유성, "복수노조금지(노조법 3조 단서 5호)(상)(하)", 법률신문, 1991년 11월 11일자 14면과 11월 14일자 10면 참조.

6. 유니언 샵 협정의 합헌성

대상판결 : 헌재 2005. 11. 24. 2002헌바95·96, 2003헌바9(병합)

I. 머리말

노동조합은 소속 조합원의 근로조건 유지·개선이라는 본래의 임무를 효과적으로 수행하기 위하여 가급적 조직을 확대하고 그 집단의 힘을 키우려고 노력하기 마련이다. 한편 사용자로서는 가능한 한 자신의 교섭력을 높이기 위해 노동조합의 힘이 약해지기를 바란다. 이러한 갈등의 조절기제로 노동조합은 사용자로 하여금 조합원이 아닌 자를 채용하지 않게 하거나 해고 등 불이익한 대우를 하도록 요구하고 사용자가 이 요구를 받아들여 그 내용을 단체협약에 명시하는 경우가 있다. 이와 같이 단체협약에 근로자가 노동조합의 조합원이 될 것을 규정하는 조항을 조직강제조항이라고 한다.

조직강제조항은 이렇듯 근로자의 단결체에 힘을 모아주는 긍정적인 기능을 하는 한편 개별 근로자의 입장에서는 단결하지 않을 자유를 침해하는 속성이 있는 것도 분명하다. 이 때문에 현행 노조법은 한정된 범위와 요건 아래서 유니언숍을 허용하고 있으나 이 제도 자체에 대한 논란이 끊이지 않고 있다.

이 문제에 관한 헌법재판소의 판단을 분석해보는 것은 단결권의 본질과 현실을 파악할 수 있는 소중한 기회가 된다.

II. 사건의 개요

부산광역시에는 두 개의 지역택시노조가 있다. 하나는 전국택시노동조합연맹 부산시지역택시노동조합('부산지역택시노조')이고, 다른 하나는 부산민주택시노동조합('부산민주택시노조')이다. 부산지역택시노조는 부산시에서 택시운송사업에 근무하는 근로자를 조직대상으로 하여 1992. 1. 21. 설립신고를 한 지역별·업종별 단위노동조합이고, 부산민주택시노조는 부산지역택시노조에 그 소속 근로자들이 가입하지 아니한 4개 택시회사 소속 근로자들이 주축이 되어 1997. 5. 13. 설립신고를 한 후 같은 달 21. 설립신고증을 교부받은 노동조합으로서, 그 규약상으로 부산시에서 택시운송사업에 종사하는 근로자를 조직대상으로 규정하고 있어 부산지역택시노조와 그 조직대상을 같이하는 지역별·업종별 단위노동조합이다.

B교통 주식회사('B교통')와 K교통 주식회사('K교통') 소속 근로자들은 대부분이 부산지역택시노조에 가입함으로써 부산지역택

시노조가 그들을 위하여 B교통과 K교통 또는 이 회사들로부터 단체교섭권을 위임받은 부산시 택시운송사업조합과 단체협약을 체결하여 왔다. 1997. 12.경 부산지역택시노조는 B교통 또는 K교통으로부터 단체교섭권을 위임받은 부산시 택시운송사업조합과 1998년도 단체협약을 체결하면서 "회사는 종업원이 노동조합 가입을 거부하거나 탈퇴할 때는 즉시 해고하여야 한다"는 이른바 유니언 샵(Union Shop) 협정을 체결하였다.

청구인 배○규 등은 1996. 3. 7. B교통에, 청구인 권○렬은 1994. 11. 25. K교통에 택시운전기사로 입사하였는데 1998. 6. 25. 부산지역택시노조를 탈퇴함과 동시에 부산민주택시노조에 가입하였고, 부산지역택시노조는 단체협약에 따라 B교통 또는 K교통에게 청구인들에 대한 해고를 요구하였다. 이에 B교통과 K교통은 청구인들이 부산지역택시노조를 탈퇴하였다는 이유를 들어 1998. 7. 5. 청구인 배○규 등을, 같은 해 9. 3. 청구인 권○렬을 해고하였다.

그러자, 청구인들은 부산지방법원에 B교통 또는 K교통을 상대로 하여 위 해고가 위법하여 무효라고 주장하면서 그 확인을 구하는 소송(부산지방법원 98가합15852, 98가합19397, 98가합19816)을 제기하였는데, 제1심법원은 1999. 7. 7. 청구인들의 청구를 인용하는 판결을 선고하였고, 이에 B교통과 K교통이 항소하여(부산고등법원 99나7756, 99나7770, 99나7794) 99나7770 사건과 99나7794 사건의 항소심법원은 2000. 4. 12. 제1심판결을 취소하고 청구인 배○규 등과 청구인 권○렬의 청구를 기각하는 판결을 선고하였다.

청구인 배○규 외 3인과 청구인 권○렬은 대법원에 상고를 하면서(대법원 2000다23815, 2000다23822), 그 소송에 적용될 수 있는 노동조합및노동관계조정법('노조법') 제81조 제2호 단서의 위헌 여부가 재판의 전제가 된다는 이유로 위헌제청신청(대법원 2000카기76, 2000카기183)을 하였는데, 대법원은 2002. 10. 25. 청구인 배○규 외 3인에 대하여, 2002. 11. 13. 청구인 권○렬에 대하여 상고를 기각하는 판결을 선고함과 아울러 위헌제청신청을 기각하였다.

이에 청구인들은 2003. 2. 7. 헌법재판소법 제68조 제2항에 따라 이 사건 헌법소원심판을 청구하였다.

Ⅲ. 판결 요지

이 사안에 대한 다수의견은 ① 당해 사업장에 종사하는 근로자의 3분의 2 이상을 대표하는 노동조합의 경우 단체협약을 매개로 한 조직강제(유니언 샵 협정의 체결)를 용인하고 있는 노조법 제81조 제2호 단서는 근로자의 단결권을 보장한 헌법 제33조 제1항 등에 위반되지 않고, ② 평등의 원칙에 반하지도 않는다는 것인데, 반론을 펴는 소수의견까지 소개하면 다음과 같다.

1. 결정 요지

(1) 이 사건 법률조항은 노동조합의 조직유지·강화를 위하여 당해 사업장에 종사하는 근로자의 3분의 2 이상을 대표하는 노

동조합('지배적 노동조합')의 경우 단체협약을 매개로 한 조직강제(유니언 샵 협정의 체결)를 용인하고 있다. 이 경우 근로자의 단결하지 아니할 자유와 노동조합의 적극적 단결권(조직강제권)이 충돌하게 되나, 근로자에게 보장되는 적극적 단결권이 단결하지 아니할 자유보다 특별한 의미를 갖고 있고, 노동조합의 조직강제권도 이른바 자유권을 수정하는 의미의 생존권(사회권)적 성격을 함께 가지는 만큼 근로자 개인의 자유권에 비하여 보다 특별한 가치로 보장되는 점 등을 고려하면, 노동조합의 적극적 단결권은 근로자 개인의 단결하지 않을 자유보다 중시된다고 할 것이고, 또 노동조합에게 위와 같은 조직강제권을 부여한다고 하여 이를 근로자의 단결하지 아니할 자유의 본질적인 내용을 침해하는 것으로 단정할 수는 없다.

(2) 이 사건 법률조항은 단체협약을 매개로 하여 특정 노동조합에의 가입을 강제함으로써 근로자의 단결선택권과 노동조합의 집단적 단결권(조직강제권)이 충돌하는 측면이 있으나, 이러한 조직강제를 적법·유효하게 할 수 있는 노동조합의 범위를 엄격하게 제한하고 지배적 노동조합의 권한남용으로부터 개별근로자를 보호하기 위한 규정을 두고 있는 등 전체적으로 상충되는 두 기본권 사이에 합리적인 조화를 이루고 있고 그 제한에 있어서도 적정한 비례관계를 유지하고 있으며, 또 근로자의 단결선택권의 본질적인 내용을 침해하는 것으로도 볼 수 없으므로, 근로자의 단결권을 보장한 헌법 제33조 제1항에 위반되지 않는다.

(3) 노동조합의 조직강제는 조직의 유지·강화를 통하여 단일하고 결집된 교섭능력을 증진시킴으로써 궁극적으로는 근로자 전체의 지위향상에 기여하고, 특히 이 사건 법률조항은 일정한 지배적 노동조합에게만 단체협약을 매개로 한 조직강제를 제한적으로 허용하고 있는데다가 소수노조에게까지 이를 허용할 경우 자칫 반조합의사를 가진 사용자에 의하여 다수 근로자의 단결권을 탄압하는 도구로 악용될 우려가 있는 점 등을 고려할 때, 이 사건 법률조항이 지배적 노동조합 및 그 조합원에 비하여 소수노조 및 그에 가입하였거나 가입하려고 하는 근로자에 대하여 한 차별적 취급은 합리적인 이유가 있으므로 평등권을 침해하지 않는다.

2. 재판관 권 성, 재판관 조대현의 반대 의견

헌법 제33조 제1항이 근로3권을 보장한 취지는 근로자의 생존권을 확보하고 근로조건을 향상시켜 근로자의 경제적 지위를 향상시키기 위한 것이고, 또 개개 근로자에게는 단결하지 아니할 자유도 헌법상 보장되어 있다.

그런데 이 사건 법률조항은 근로자가 특정 노동조합에 가입하는 것을 고용조건으로 삼아서 특정 노동조합에 가입하지 않는 근로자를 해고할 수 있도록 허용하는 것이기 때문에 근로자의 단결하지 아니할 자유와 근로자의 생존권을 본질적으로 침해하고 있다. 특정 노동조합에 가입하지 않거나 탈퇴하였다는 이유로 근로자를 해고하여 근로자의 지위를 근본적으로 부정하는 것은 근로자의 생존권 보장과 지위향상을 보장하고자 하는 헌법 제33조 제1항의 취지에 정면으로 반하고 자유민주주의가 지향하는 공존공영(共存共榮)의 원칙 및 소수자 보호의 원칙에도 어긋난다.

따라서 이 사건 법률조항은 근로자의 단결하지 아니할 자유를 헌법 제33조 제1항에 위반하는 방법으로 부당하게 침해한다.

Ⅳ. 평석

1. 유니언 샵 협정 무효론

이 사건 판결의 소수의견이 제시하는 의견이 대표적이다. 헌법 제33조 제1항은 근로자의 생존권을 확보하고 근로조건을 향상시켜 근로자의 경제적 지위를 향상시키기 위해 근로자의 단결권을 보장하고 있지만, 개개의 근로자는 단결권을 행사하지 아니할 자유도 헌법상 보장된다. 그 헌법상 근거에 대해서는 견해의 차이가 있지만 근로자에게 단결하지 아니할 자유도 있다는 점에 대해서는 이론(異論)이 없다는 데서 출발한다. 그리고 노조법 제81조 제2호 본문이 "근로자가 어느 노동조합에 가입하지 아니할 것 또는 탈퇴할 것을 고용조건으로 하거나 특정한 노동조합의 조합원이 될 것을 고용조건으로 하는 행위"를 부당노동행위로 금지하고 있는 것도 이러한 법리를 명시한 것이라고 한다.

그런데 노조법 제81조 제2호 단서는 근로자가 특정 노동조합에 가입하는 것을 고용조건으로 삼아서 특정 노동조합에 가입하지 않는 근로자를 해고할 수 있도록 허용하는 것이기 때문에 근로자의 단결하지 아니할 자유와 근로자의 생존권을 본질적으로 침해하는 것이라고 본다.

"우리 헌법의 기본원리인 자유민주주의는 모든 사람의 존엄성을 존중하고 모든 사람이 공존공영(共存共榮)하는 것을 목표로 하는 것이고, 헌법 제33조 제1항의 취지는 근로자의 생존권을 확보하고 근로조건을 향상시키는 것이다. 따라서 근로자의 단결권이나 노동조합의 단결강화권·단체교섭권도 모든 근로자의 공존공영을 도모하도록 행사되어야 하고, 그러한 한도에서만 헌법적 보호의 대상으로 되는 것이다. 노동조합의 단결강화권과 단체교섭권은 근로자 전체의 지위 향상을 위하여 인정되는 것이기 때문에, 근로조건의 향상을 위하여 필요한 경우에도 어느 근로자의 생존권을 근본적으로 위협하는 해고를 수단으로 삼는 것은 허용되지 아니한다. 근로자의 3분의 2 이상이 가입한 지배적 노동조합이라고 하더라도 그 노동조합에 가입하는 것을 근로조건으로 삼아 그 노동조합에 가입하지 않거나 탈퇴한 근로자의 해고를 요구하는 권능을 가질 수는 없다. 특정의 노동조합에 가입하지 않거나 탈퇴하였다는 이유로 근로자를 해고하여 근로자의 지위를 근본적으로 부정하는 것은 근로자의 생존권 보장과 지위 향상을 보장하고자 하는 헌법 제33조 제1항의 취지에 정면으로 반하고 자유민주주의가 지향하는 공존공영의 원칙 및 소수자 보호의 원칙에도 어긋나는 것이다. 따라서 이 사건 법률조항은 헌법 제33조 제1항의 근로자 단결권이나 노동조합 단결강화권에 의하여도 정당화될 수 없다. 지배적 노동조합이 근로자를 제명한 경우에는 해고할 수 없도록 하였지만, 노동조합이 조합원인 근로자를 제명하는 것도 해당 근로자의 의사가 아니라 노동조합의 결정에 맡겨져 있는 것이므로, 그러한 예외규정에 의하여 해당 근로자의 단결하지 아니할 자유에 대한 제한과 생존권에 대한 위협이 완화되거나 정당화된다고 보기 어렵"다는 것이다.

사용자의 조합활동에 대한 방해행위는 이미 법에 의하여 금지되고 있는데 그 행위를 전제로 해서 타인의 기본권을 침해하는 것은 법이 보장하고 있는 보호수단에 따른 구제를 스스로 포기하고 타인의 권리를 침해하는 손쉬운 방법으로 자신의 목적을 달성하려는 것일 뿐이라고 비판하기도 한다. 즉, 자신의 권리를 증대·강화하기 위하여 타인의 기본권의 본질적인 부분을 침해하는 것은 허용될 수 없다는 것이다.[1)]

현실의 유니언 샵이 본래의 기능을 하는 게 아니라 사용자와 결탁한 어용노조의 간부가 비판자와 활동적인 소수파를 제거하는 수단으로 이용하고 있다는 점을 들어 유니언 샵에 반대하기도 한다.[2)]

2. 유니언 샵 협정 유효론

유니언 샵 협정의 효력을 인정하는 견해로는 제한적 조직강제는 안 되지만 일반적 조직강제는 인정하거나[3)] 노조법이 정하는 조건에 따라 근로자의 조합선택권을 침해하지 않는 범위 안에서

1) 유성재, 판례노동법, 법문사, 2008, 740쪽.
2) 西谷 敏, 労動法における個人と集團, 有斐閣, 1992, 157쪽 이하.
3) 박상필, 한국노동법, 대왕사, 1993, 103쪽.

는 유효하다고 본다(한정유효설).[4)]

이 판결 다수의견의 논지를 찬찬이 살펴보면 왜 유니언 샵 협정이 유효한지를 알 수 있다. 일반적으로 노동조합의 조직강제는 근로자로 하여금 어떠한 노동조합 또는 특정한 노동조합에 가입할 것을 강제함으로써 노동조합의 조직을 유지·강화하는데 기여하는 측면이 있기는 하지만, 한편으로 그러한 노동조합에 가입을 원하지 않는 근로자 개인의 단결하지 않을 자유나 노동조합의 가입을 선택할 수 있는 자유를 제한하는 측면도 함께 지니고 있다. 이러한 근로자 개인의 단결권에 대한 제약의 문제는 결국 노동조합의 조직강제에 관한 실정법적 근거규정이라고 할 수 있는 이 사건 법률조항에서 노동조합의 집단적 단결권과 서로 충돌하는 모습으로 나타난다. 즉 이 사건 법률조항은 지배적 노동조합에게 일정한 형태의 조직강제를 인정함으로써 노동조합의 집단적 단결권과 개별근로자의 단결하지 않을 자유 또는 단결선택권과 충돌하는 문제가 발생하게 되므로, 이와 같이 두 기본권이 서로 충돌하는 경우 그 해결방법이 문제된다.

1) 기본권 충돌의 해결방법

기본권의 충돌이란 상이한 복수의 기본권주체가 서로의 권익을 실현하기 위해 하나의 동일한 사건에서 국가에 대하여 서로 대립되는 기본권의 적용을 주장하는 경우를 말하는데, 한 기본권주체의 기본권행사가 다른 기본권주체의 기본권행사를 제한

4) 임종률, 노동법 제6판, 박영사, 2007, 70-73쪽.

또는 희생시킨다는 데 그 특징이 있다.

이와 같이 두 기본권이 충돌하는 경우 그 해법으로는 기본권의 서열이론, 법익형량의 원리, 실제적 조화의 원리(= 규범조화적 해석) 등을 들 수 있다. 헌법재판소는 기본권 충돌의 문제에 관하여 충돌하는 기본권의 성격과 태양에 따라 그때그때마다 적절한 해결방법을 선택, 종합하여 이를 해결하여 왔다.

예컨대, 국민건강증진법시행규칙 제7조 위헌확인 사건에서 흡연권과 혐연권의 관계처럼 상하의 위계질서가 있는 기본권끼리 충돌하는 경우에는 상위기본권우선의 원칙에 따라 하위기본권이 제한될 수 있다고 보아서 흡연권은 혐연권을 침해하지 않는 한에서 인정된다고 판단한 바 있다(헌재 2004. 8. 26. 2003헌마457). 또, 정기간행물의등록등에관한법률 제16조 제3항 등 위헌 여부에 관한 헌법소원 사건에서 동법 소정의 정정보도청구권(반론권)과 보도기관의 언론의 자유가 충돌하는 경우에는 헌법의 통일성을 유지하기 위하여 상충하는 기본권 모두가 최대한으로 그 기능과 효력을 발휘할 수 있도록 하는 조화로운 방법이 모색되어야 한다고 보고, 결국은 정정보도청구제도가 과잉금지의 원칙에 따라 그 목적이 정당한 것인가 그러한 목적을 달성하기 위하여 마련된 수단 또한 언론의 자유를 제한하는 정도가 인격권과의 사이에 적정한 비례를 유지하는 것인가의 관점에서 심사를 한 바 있다(헌재 1991. 9. 16. 89헌마165).

2) 근로자의 단결하지 아니할 자유와 노동조합의 적극적 단결권의 충돌

노동조합의 조직강제는 그것이 일반적 조직강제이든 제한적 조직강제이든 근로자의 단결하지 아니할 자유를 제한할 여지가 있는데, 이 사건 법률조항은 지배적 노동조합의 경우 일정한 형태의 조직강제를 용인하고 있으므로 여기서 근로자의 단결하지 아니할 자유와 노동조합의 적극적 단결권(조직강제권)이 충돌하는 상황이 생긴다.

헌법 제33조 제1항은 "근로자는 근로조건의 향상을 위하여 자주적인 단결권·단체교섭권 및 단체행동권을 가진다."고 규정하고 있다. 여기서 헌법상 보장된 근로자의 단결권은 단결할 자유만을 가리킬 뿐이고, 단결하지 아니할 자유 이른바 소극적 단결권은 이에 포함되지 않는다고 보는 것이 헌법재판소의 선례라고 할 수 있다(헌재 1999. 11. 25. 98헌마141).

그렇다면 근로자가 노동조합을 결성하지 아니할 자유나 노동조합에 가입을 강제당하지 아니할 자유, 그리고 가입한 노동조합을 탈퇴할 자유는 근로자에게 보장된 단결권의 내용에 포섭되는 권리로서가 아니라 헌법 제10조의 행복추구권에서 파생되는 일반적 행동의 자유 또는 제21조 제1항의 결사의 자유에서 그 근거를 찾을 수 있다. 이와 같이 근로자의 단결하지 아니할 자유와 노동조합의 적극적 단결권이 충돌하는 경우 단결권 상호간의 충돌은 아니라고 하더라도 여전히 헌법상 보장된 일반적 행동의 자유 또는 결사의 자유와 적극적 단결권 사이의 기본권 충돌의 문제가 제기될 수 있다.

근로자는 노동조합과 같은 근로자단체의 결성을 통하여 집단으로 사용자에 대항함으로써 사용자와 대등한 세력을 이루어 근로조건의 형성에 영향을 미칠 수 있는 기회를 갖게 된다는 의미에서 단결권은 '사회적 보호기능을 담당하는 자유권' 또는 '사회권적 성격을 띤 자유권'으로서의 성격을 가지고 있고(헌재 1998. 2. 27. 94헌바13등) 일반적인 시민적 자유권과는 질적으로 다른 권리로서 설정되어 헌법상 그 자체로서 이미 결사의 자유에 대한 특별법적인 지위를 승인받고 있다. 이에 비하여 일반적 행동의 자유는 헌법 제10조의 행복추구권 속에 함축된 그 구체적인 표현으로서, 이른바 보충적 자유권에 해당한다(헌재 1998. 10. 29. 97헌마345; 2002. 10. 31. 99헌바76).

따라서 단결하지 아니할 자유와 적극적 단결권이 충돌하게 되더라도, 근로자에게 보장되는 적극적 단결권이 단결하지 아니할 자유보다 특별한 의미를 갖고 있다고 볼 수 있고, 노동조합의 조직강제권도 이른바 자유권을 수정하는 의미의 생존권(사회권)적 성격을 함께 가지는 만큼 근로자 개인의 자유권에 비하여 보다 특별한 가치로 보장되는 점 등을 고려하면, 노동조합의 적극적 단결권은 근로자 개인의 단결하지 않을 자유보다 중시된다고 할 것이어서 노동조합에 적극적 단결권(조직강제권)을 부여한다고 하여 이를 두고 곧바로 근로자의 단결하지 아니할 자유의 본질적인 내용을 침해하는 것으로 단정할 수는 없다.

3) 근로자의 단결선택권과 노동조합의 집단적 단결권의 충돌

(1) 심사의 방법

이 사건 법률조항은 특정한 노동조합의 가입을 강제하는 단체협약의 체결을 용인하고 있으므로 근로자의 개인적 단결권(단결선택권)과 노동조합의 집단적 단결권(조직강제권)이 동일한 장에서 서로 충돌한다.

이와 같이 개인적 단결권과 집단적 단결권이 충돌하는 경우 기본권의 서열이론이나 법익형량의 원리에 입각하여 어느 기본권이 더 상위기본권이라고 단정할 수는 없다. 왜냐하면 개인적 단결권은 헌법상 단결권의 기초이자 집단적 단결권의 전제가 되는 반면에, 집단적 단결권은 개인적 단결권을 바탕으로 조직·강화된 단결체를 통하여 사용자와 사이에 실질적으로 대등한 관계를 유지하기 위하여 필수불가결한 것이기 때문이다. 즉 개인적 단결권이든 집단적 단결권이든 기본권의 서열이나 법익의 형량을 통하여 어느 쪽을 우선시키고 다른 쪽을 후퇴시킬 수는 없다고 할 것이다.

따라서 이러한 경우 헌법의 통일성을 유지하기 위하여 상충하는 기본권 모두가 최대한으로 그 기능과 효력을 발휘할 수 있도록 조화로운 방법을 모색하되(규범조화적 해석; 1991. 9. 16. 89헌마165), 법익형량의 원리, 입법에 의한 선택적 재량 등을 종합적으로 참작하여 심사하여야 한다.

(2) 제한목적의 정당성

이 사건 법률조항이 예정하고 있는 조직강제는 위에서 본 바와 같이 근로자의 단결체인 노동조합의 조직유지 및 강화에 목적이 있고, 이를 통하여 궁극적으로는 근로자 전체의 지위향상에 기여하는 만큼 단결권을 보장한 헌법의 이념에도 부합하는 것이어서 그 목적의 정당성을 인정할 수 있다. 즉 근로자의 실질적인 자유와 권리는 노동조합을 통한 단결에 의해서만 실효적으로 확보될 수 있다. 이 사건 법률조항은 바로 이러한 노동조합의 조직강제권을 실효성 있게 보장하기 위한 규정이고, 또한 이러한 제도가 곧바로 근로자의 단결선택권의 본질적인 내용을 침해하는 것으로 볼 수는 없다. 헌재는 이미 노동조합의 경우에 사용자와의 교섭력을 확보하기 위하여 사실상 어느 정도의 조직강제 내지 단결강제를 수반하게 되는 것임을 천명한 바 있다(헌재 1999. 11. 25).

(3) 제한되는 기본권 상호간에 적정한 비례의 유지

노동조합이 그 조직을 유지·강화하기 위하여 특정한 노동조합의 조합원이 될 것을 고용조건으로 하는 단체협약을 체결하는 것은 그 목적을 달성하기 위하여 효과적이고 적절한 방법이라고 할 수 있다. 단체협약을 매개로 한 조직강제는 일찍이 미국, 독일 등 여러 나라에서 형태와 정도의 차이는 있지만 노동운동의 발전과정 속에서 나타난 공통적, 보편적 현상이었고, 유니언 샵 협정과 같은 단체협약상의 조직조항을 이용하는 것 외에 달리 실효성 있는 대체적 수단을 상정하는 것도 용이하지 않다. 다만 노동조합의 위와 같은 조직강제는 기본적으로 근로자의 단결선택권에 대한 제한을 수반하고 있으므로 제한되는 근로자의 단결선택권과 사이에 법익의 균형을 도모할 필요성, 즉 근로자 개인의 단결선택권을 무리하게 침해하지 않도록 하는 조화로운 범위 내에서 일정한 한계를 설정하는 것이 요청된다고 할 것이다.

이러한 관점에서 볼 때 먼저 이 사건 법률조항은 단체협약을 매개로 한 조직강제를 적법·유효하게 할 수 있는 노동조합을 일정한 범위로 한정하고 있다. 즉 조직강제 또는 이에 따른 해고 등 신분상 불이익에 대한 정당성을 뒷받침할 정도로 충분한 지배적 조직, 즉 당해 사업장에 종사하는 근로자의 3분의 2 이상을 대표하고 있는 노동조합일 것을 요건으로 하고 있다.

또한 지배적 지위에 있는 노동조합의 권한남용으로부터 개별근로자를 보호하기 위하여 사용자는 근로자가 당해 노동조합에서 제명된 것을 이유로 신분상 불이익한 행위를 할 수 없도록 규정하고 있어 근로자의 단결선택권을 필요·최소한으로 제한하고 있다. 바꾸어 말하면 이 사건 법률조항은 근로자의 단결선택권이 제한되는 조직강제의 범위를 오직 근로자가 자발적으로 노동조합을 탈퇴하거나 이에 가입하지 않는 경우로 한정하고 있다.

나아가 궁극적으로 근로자들은 노동조합을 결성·강화하고, 그 단결체의 활동을 통하여 실질적으로 단결권을 보장받을 수 있으며, 또 지배적 노동조합에 가입을 원하지 않는 개별근로자들도 그러한 노동조합의 활동에 의한 과실, 즉 노동조합이 획득한 근로조건을 실질적으로 향유한다.

따라서 이 사건 법률조항이 예정하고 있는 노동조합의 조직강제는 개별근로자의 단결선택권을 일부 제약하는 면이 있으나, 이를 허용하는 노동조합의 범위를 지배적 지위에 있는 노동조합으로 제한하는 등 근로자의 단결선택권과 노동조합의 집단적 단결권(조직강제권) 사이에 균형을 도모하고 있고, 상충·제한되는 두 기본권 사이에 적정한 비례관계도 유지되고 있다고 할 것이다.

(4) 입법에 의한 선택적 재량

무릇 헌법 제33조 제1항이 보장하는 단결권은 국가공권력에 대하여 근로자의 단결권 방어를 일차적인 목표로 하지만, 근로자단체라는 사회적 반대세력의 창출을 가능하게 함으로써 노사관계의 형성에 있어서 사회적 균형을 이루어 근로조건에 관한 노사간의 실질적인 자치를 보장하려는데 더 큰 의미가 있다. 이와 같은 단결권의 사회권적 측면이 보장되기 위해서는 근로자의 권리행사의 실질적인 조건을 형성하고 유지해야 할 국가의 적극적인 활동을 필요로 한다(헌재 1998. 2. 27. 94헌바13등). 그런데 노동조합의 조직강제는 근로자의 개인적 단결권을 바탕으로 단결체를 조직하고 강화하여 사용자와 사이에 실질적으로 대등한 관계를 유지하기 위해서 필수불가결하게 요구되는 것인 반면, 이로 인하여 근로자의 단결선택권이 제한되는 측면도 있는 탓에 입법자는 이와 같이 보완·상충관계에 있는 두 기본권을 최대한 보장하는 최적정(最適正)의 경계를 설정하는 것이 필요하다고 할 것이다. 특히 어떤 범위의 노동조합에게 어떠한 형태와 방식으로 조직강제권을 인정할 것인지 여부는 입법자에게 부여된 입법형성의 선택과 재량에 속하는 사항이라 할 것이다.

이 사건 법률조항은 일정한 지배적 노동조합의 경우 그 조합원이 될 것을 고용조건으로 하는 단체협약의 체결을 용인한 것으로서, 노동조합이 근로자에 대한 직접적인 강제방법을 피하고 사용자와의 단체협약이라는 간접적인 수단을 매개로 하여 가입을 강제하고 있고, 실제로 이를 통하여 제한되는 단결권의 범위도 근로자의 단결선택권에 한정될 뿐 단결권 자체를 전면적으로 박탈하는 것은 아니며, 노동조합의 조직강제를 위하여 선택할 수 있는 여러 가지 수단 가운데 달리 더 유효·적절한 수단을 상정하기도 쉽지 아니한 점 등을 감안한다면, 이는 입법자에게 부여된 입법 선택적 재량의 범위를 벗어난 것이라고 할 수 없다.

따라서 이 사건 법률조항은 노동조합의 집단적 단결권을 보장하기 위하여 특히 유니언 샵 협정과 같은 단체협약의 방식으로 조직강제를 가능케 하는 실정법적 근거조항으로 근로자의 단결선택권과 충돌하는 면이 없지 아니하나, 전체적으로 상충되는 두 기본권 사이에 합리적인 조화를 이루고 있고 제한에 있어서도 적정한 비례관계를 유지하고 있으며, 또 근로자의 단결선택권의 본질적인 내용을 침해하는 것으로도 볼 수 없다.

3. 복수노조 병존시의 유니언 샵 협정의 효력

문제는 이 사안에서처럼 복수노조가 존재할 때도 여전히 한 노동조합에의 가입을 허용할 것인지에 있다. 기업별 노조는 여전히 복수노조가 금지되기 때문에 아직은 문제가 되지 않지만 초기업의 노조에서는 이미 문제가 되고 있는 것이다. 단결권의 본질적인 요청이 단결선택의 자유에 있다면 이는 다수 학자의 견해처럼 조직선택의 자유를 전제로 하고 유니언 샵 협정의 효력을 인정하는 게 합당하다. 유니언 샵 협정의 효력을 부인하려는 견해 역시 동 조항의 존재로 인하여 노동조합의 운영이 파행으로 치닫는 것을 막자는 것으로 이해할 때 이렇게 해석하는 게 합리적이다.[5]

5) 일본의 三井倉庫港運事件(最高裁 1989.12.14. 판결)의 판지도 이러한 것이다. 이 판결 평석으로는 梅田武敏, "ユニオン·ショプ協定の效力", 勞動判例百選(제7판), 有斐閣, 2002, 196-7쪽.

7. 파업과 근로관계

대상판결 : 대법원 전원합의체 1995.12.21. 선고, 94다 26721 판결

I. 사건의 개요

원고들은 1989년 5월부터 92년 5월 이후까지 계속하여 피고인 삼척군 의료보험조합의 근로자로서 근무해 오던 자이다. 피고조합의 운영규정에 따르면 "1월에 지급되는 정근수당은 1월 1일(7월 정근수당의 경우에는 7월 1일) 현재 임직원의 신분을 보유하고 전년도 12월 1일(7월 정근수당의 경우 6월 1일) 이전부터 계속 근무한 자(보수의 일부가 지급되는 자를 포함한다)에게 지급한다"는 요건 하에서 근로자에게 매년 1월과 7월에 정근수당을 지급하도록 되어 있는데, 피고조합은 원고들이 89년 11월부터 동년 12월 말 사이에 파업을 하면서 정상적으로 근무하지 아니하였음을 이유로 90년 1월의 정근수당을 전혀 지급하지 않았다. 이에 대해 원고들은 90년 1월 현재 피고조합 임직원으로서의 신분을 보유하였고 89년 12월 1일 이전부터 계속 근무해왔기 때문에 1990년 1월에 지급받지 못했던 정근수당을 지급해 줄 것을 청구하고 있다.

원심(춘천지법 1994.4.8. 93나4131)은 원고의 정근수당 지급청구에 대해서 파업을 이유로 정근수당의 지급을 부인하는 피고의 주장을 받아들이지 않고 정근수당지급 의무를 인정하였다. 원심의 논리구조는 다음과 같은 것이었다.

① 쟁의행위로 인해 사용자에게 근로를 제공하지 않은 근로자는 근로의 대가인 임금을 청구할 수 없다. 다만 구체적으로 지급청구권을 갖지 못하는 임금의 범위는 임금 등 사실상 근로를 제공한 데 대하여 받는 교환적 부분과 근로자로서의 지위에 기하여 받는 생활보장적 부분 중 前者에만 국한되는 데, 이때 양부분의 구별은 단체협약이나 취업규칙 등의 해석 또는 관행에 의한다.

② 일단 위 사건에서는 원고들이 쟁위행위로 인해 정상적인 근로를 제공하지 아니하였다는 점에서 피고의 운영규정상 결근자에 준한다고 볼 수 있으며, 또한 피고의 운영규정에 의하면 정근수당은 보수의 일부가 지급되는 자를 포함하여 지급되는데, 보수의 일부가 지급되는 자로서 결근자, 휴직자, 직위 해제자를 규정하고 있으며, 감봉 이상의 징계처분을 받은 자와 직위해제처분을 받은 자는 정근수당의 감액지급 대상자로서 규정하고 있으나, 단순한 결근자는 그 대상으로 규정하고 있지 않다.

③ 그렇다면 쟁위행위로 인하여 근로를 제공하지 아니한 자에

대해 별도의 정함이 없고 또한 이에 관한 관행이 있음을 인정할 근거가 없는 경우의 정근수당은 임금 중 생활보장적 부분에 해당된다고 판단되고, 원고들은 운영규정상 한정적으로 열거된 정근수당 감액대상자에 해당하지 않는다는 점에서 피고는 원고들에게 정근수당을 지급할 의무가 있다.

이러한 원심판결에 대하여 피고가 상고한 사건이 대상 판결이다.

Ⅱ. 판결 요지

대법원 전원합의부는 다수견해(대법관 13인 중 10인)로 쟁의행위 기간 중의 임금지급 법리와 피고의 운영규정에 대한 해석에서 원심과 그 판단을 달리하였다.

다수 견해에 따르면 법리적 측면이나 임금지급의 현실측면에 비추어 볼 때 원심이 사실상 근로를 제공한 데 대하여 지급받는 교환적 부분과 현실의 근로제공과 무관하게 단순히 근로자로서의 지위에 따라 받는 생활보장적 부분으로 나누면서(이른바, '임금이분설') 이에 따라 법적 취급을 달리하는 것은 타당하지 않다고 한다.

또한 이 사건에서 원심이 쟁의행위자에 대한 정근수당 지급을 근거 지우기 위해 단지 근로계약에 따른 근로제공이 없다는 외관상의 동일성만을 토대로, 쟁의행위로 인해 정상적인 근로를 제공하지 아니한 자를 결근자 등과 동일하게 취급한 것은 양자의 기본적 성질상의 차이로 인해 정당화될 수 없다는 것이다.

다수 견해는 이러한 전제 하에서 별도의 규정이나 당사자 사이의 약정 또는 관행이 인정되지 않는 한 쟁의행위로 인해 "근로자의 근로제공 의무 등의 주된 권리·의무가 정지되어 근로자가 근로제공을 하지 아니한 쟁의행위 기간 동안에는 근로제공 의무와 대가관계에 있는 근로자의 주된 권리로서의 임금청구권이 발생하지 않는다. 그리고 그 지급청구권이 발생하지 아니하는 임금의 범위가 교환적 부분에 국한된다고 할 수 없으며, 사용자가 근로자의 노무제공에 대한 노무지휘권을 행사할 수 있는 평상적인 근로관계를 전제로 하여 단체협약이나 취업규칙 등에서 결근자 등에 관하여 어떤 임금을 지급하도록 규정하고 있거나 임금삭감 등을 규정하고 있지 않고 있거나 혹은 어떤 임금을 지급하여 온 관행이 있다고 하여, 근로자의 근로제공 의무가 정지됨으로써 사용자가 근로자의 노무제공과 관련하여 아무런 노무지휘권을 행사할 수 없는 쟁의행위의 경우에 이를 유지하여 당사자 사이에 쟁의행위기간 중 쟁의행위에 참가하여 근로를 제공하지 아니한 근로자에게 임금을 지급하기로 하는 내용의 근로계약을 체결한 것이라고 할 수 없다"고 판단함으로써 결국 원고의 정근수당 지급 청구를 부인하였다.

이에 대해 반대의견(소수의견)은 근로자가 헌법과 법률이 정한 바에 따른 정당한 쟁의권 행사의 효과로 인하여 적법한 절차에 따른 파업에 참가하게 되면 구체적 근로 제공 의무로부터는 해방되므로 이와 직접적으로 대가관계가 있는 임금을 청구할 수 없게 되는 것은 당연한 것이지만, 파업 중에도 사용자와의 종속적 근로관계, 즉 종업원으로서의 신분은 해소되지 아니하고 유지되는 것이기 때문에, 이러한 지위에서 발생하는 임금의 청구권은 여전히 남아 있게 된다면서 임금2분설을 전제로 한다.

또한 쟁의행위로 인한 기간 동안의 임금 공제의 문제는 그 성질상 당해 근로계약의 내용에 쟁의행위로 인하여 근로를 제공하지 아니하더라도 공제할 수 없는 임금 부분이 설정되어 있는가 어떤가라는 계약해석의 문제이므로, 쟁의행위로 인한 임금 공제의 범위는 그에 관한 단체협약, 취업규칙의 정함, 종래의 관행 및 통상의 결근, 지각, 조퇴에 관한 임금 공제의 취급 등을 참고로 하여 문제의 임금 항목이 근로계약상 공제 대상에서 제외되고 있는지를 고찰하여 이를 정하여야 한다. 실제 사업장에서 지급하고 있는 대부분의 수당들은 그 명목만으로는 그 성질이 어떠한 것인지 분명하지 아니하기 때문에, 일응 결근일에 감액 지급하는 규정이 없는 경우에는 특별한 사정이 없는 한 쟁의행위로 결근한 근로자에게도 지급할 의사라고 해석하는 것이 타당하다고 하여 원심을 지지한다.

III. 평석

파업중의 임금지급문제는 파업의 근로관계정지 효력 및 근로계약의 본질 그리고 임금의 법적 성격이 뒤엉켜 논의가 될 문제이다. 학설로는 크게 사용자의 임금지급 의무를 부정하는 견해와 임금의 일부 지급의무는 있다는 견해, 그리고 이를 계약의 해석 문제라고 보는 견해로 나누이는데[1]), 이하 각 학설을 검토해 보기로 한다.

1. 사용자의 임금지급의무를 부정하는 견해

다수의 입장은 사용자의 파업기간중의 임금 지급의무를 부정하는 바, 그 근거는 대략 두 가지로 요약할 수 있다.

첫째는 파업의 근로계약정지효력에서 구한다. 즉 파업은 근로계약의 주요 목적인 노동력의 제공을 조합의 단결력(투쟁력)을 통해 거부하는 것이므로 이에 의해 근로관계 그 자체는 존속한다 하여도 그로부터 발생하는 주요한 효과는 파업 기간 동안 정지하는 것이어서 노동력의 대가인 임금 채권 자체도 정지할 수밖에 없다는 것이다.[2])

두번째는 근로계약의 쌍무계약성으로 인하여 임금지급이 부정된다는 것으로 보통 no work no pay 원칙이라 불리운다. 우선 근로계약의 법적 성격을 시민법상의 쌍무계약으로 이해하는 입장에서는 파업기간중의 임금지급을 부정한다. 즉, 근로계약이란 근로자가 사용자에 대하여 대가, 즉 임금·급료 등을 받고 근로

---

1) 宮島尙史["ロクアウトと賃金", 石井照久·有泉 亨(編), 爭議行爲(勞動法大系 3), 有斐閣, 1964, 230쪽]는 임금지급을 전면 긍정하는 견해도 있다고 하나 그 근거를 제시하고 있지 않아 제외시켰다. 이광택("무노동 무임금의 법적 근거 없다", 신동아, 1990년 3월호)이 임금의 전액지급을 주장하는 대표적인 학자이나 이 역시 그 법리적 근거는 밝히지 않고 근로자보호라는 노동법의 기본원리만 주장할 뿐이어서 또한 제외시켰다.
2) 淸水兼男, "賃金ガット", 日本勞動法學會編, 勞動爭議(現代勞動法講座 5), 1980, 294쪽.

를 제공할 것을 약정하는 계약인 바, 그 본질이 "노무를 제공한다"라고 하는 '하는 채무'와 "임금 기타의 보수를 지급한다"라고 하는 '주는 채무'의 대가적 교환관계이므로 '하는 채무의 불이행'(no work)이 '주는 채무의 불발생'(no pay)을 결과하는 것은 "급부 없으면 반대급부 없다"는 쌍무계약의 법리상 당연한 이치라는 것이다.[3)]

그리고 근로계약을 조직적 또는 제도적 계약으로 보는 입장에서도 파업기간중의 임금지급을 부정한다.[4)] 이 입장에 따르면 근로계약으로 말미암아 근로자는 기업의 종업원이라는 지위를 취득하게 되고 그 지위 즉 종업원이라는 신분에 기해 업무를 수행하고 보수를 받는 등의 권리의무를 가지게 된다. 다시 말해 임금청구권, 후생시설 이용권 등이 발생하고 노동력을 제공할 의무와 일정한 충실의무 등이 생겨나는 것이다. 그러나 종업원이라는 신분이 임금청구권 발생의 전제조건임은 분명하지만 충분조건은 아니므로 — 일하지 않고 보수를 요청할 수는 없기 때문에 — 파업 등으로 근무시간 중에 일을 하지 않고서 임금을 지급하라고 요구할 수는 없다고 한다.

3) 김형배, "파업과 개별적 근로관계", 노동문제논집 제1권, 1969, 13쪽.
4) 清水兼男, 앞의 글, 293쪽.

2. 임금의 일부 지급의무를 긍정하는 견해

한편 근로계약의 본질을 복합적 계약(사회법적 계약)으로 파악하는 입장에서는 파업기간중에도 임금을 일정 부분 지급해야 한다고 주장한다.

이 견해는 근로계약을 일정한 기업에서 종업원의 지위를 취득할 목적으로 사용자와 근로자간에 체결한 신분적 계약이라는 면과 근로자의 노동의 제공에 대하여 사용자가 그 댓가로서 임금의 지급을 약정하는 단순한 채무계약이라는 양면에서 파악하여 그 결과 임금에는 보장적 부분[5]과 교환적 부분[6]이 있다는 임금 2분설을 취하게 되어 파업기간에 임금이 지급되지 않는 것은 이 교환적 부분에 한정된다는 입장이다.[7] 이 입장은 그 근저에 임금은 근로관계를 유지하는 데 따른 보상이라는 해석이 가려놓여 있는 바, 여기서 임금의 법적 성격에 대해 짚고 넘어갈 필요가 있다. 기실 근로기준법 제 18조(현행법 제2조 5호)에서 말하는 "근로의 대상"으로서의 임금이 무엇인가에 관해서는 많은 논란이 있을 수 있기 때문이다. 이에 관한 학설로는 노동대가설, 노동력대가설, 노동관계유지설 등 3 가지를 열거할 수 있다.

---

5) 주택수당이나 가족수당 등 종업원이라는 신분을 이유로 주어지는 부분을 말함.
6) 기본급과 같이 제공된 근로시간에 따라 산정되는 부분이라고 설명됨.
7) 일본의 유명한 明治生命사건(최고재판소 1965.2.5. 판결).

1) 노동대가설

이 설은 임금은 근로자의 구체적 노동에 대해 지급되는 대가라고 한다. 따라서 근로자가 실제로 노무제공을 하지 않은 기간 동안은 임금청구를 할 수 없는 바, 파업참가자의 경우 파업기간 동안 노무제공을 거부한 것이므로 이 기간 동안 임금을 받을 수 없다는 것은 당연한 이치이다.

2) 노동력대가설

이 설은 임금은 근로자가 그의 노동력을 일정 기간 사용자의 지휘·처분하에 두는 데 대한 대가라고 이해한다. 따라서 근로자가 근로계약의 내용에 따라 그의 노동력을 사용자의 처분에 맡긴 다음에는 사용자가 이를 사용하든 그렇지 않든 임금을 지급해야 한다고 본다. 그러나 파업참가근로자는 파업기간 동안 그의 노동력을 의도적으로 사용자의 지배·처분에서 벗어나도록 한 것이므로 임금을 청구할 수 없게 된다.[8)]

8) 종래 전통적인 학설은 임금의 법적 성격에 관해 노동대가설과 노동력대가설로 양분하고 노동력대가설에서 바로 임금2분설을 도출하고 있으나 (本多淳亮(외 3인)編, 勞動法 II, 三省堂, 1976, 43-45 쪽 ; 本多淳亮, 勞動團體法(現代法學全集 40), 1975, 503-512쪽) 노동력대가설에서 바로 임금2분설이 도출될 수 있는지는 의문이다(淸水兼男, 앞의 글, 286쪽 참조).

3) 노동관계대상(유지)설(임금2분설)

이 설은 임금은 노동의 대상이 아니라 근로관계에서 발생하는 대가로 보아 가족수당· 물가수당· 주택수당 등 구체적인 노동과는 직접적인 관련이 없는 것도 모두 임금에 포함된다고 한다. 즉 임금은 현실적인 노무제공에 대해 지급되는 교환적 부분과 노동관계가 존속되어 종업원의 지위가 상실되지 않는 한 사실상의 노무급부와 관계없이 지급되는 보장적 부분으로 구성된다는 임금2분설을 주장한다. 이에 따르면 파업기간 동안에도 파업참가 근로자의 종업원으로서의 지위는 유지되므로 이들에게도 보장적 부분에 해당하는 임금은 계속 지급해야 한다는 결론이 도출된다.

3. 계약해석설

파업참가자에 대한 특정의 임금을 삭감할 수 있는지 여부는 당사자의 근로계약 내용(불명확한 경우에는 해석에 의하여 규명된 내용)에 맡겨지는데, 근로제공이 없었다는 점에서 파업과 성질이 비슷한 평상시의 결근 등에 대하여 취업규칙 등의 규정이나 관행상 그 임금을 삭감의 대상으로 하고 있는지 여부에 따라 개별적으로 결정할 수밖에 없다고 한다. 이에 따르면 결국 임금삭감에 관하여는, 반대의 특약 또는 관행이 없는 이상, 파업참가자를 평상시의 결근자와 동일하게 취급하게 된다는 견해이다.[9]

---

9) 임종률, 노동법(제6판), 2007, 박영사, 239-241쪽.

4. 결어

이상 대립되는 학설을 소개하였는데 결론적으로 파업기간 동안에는 사용자에게 임금 지급의무가 없다는 견해가 타당하다고 본다. 그 이유는 앞에서 본 바와 같이 파업의 근로계약정지효력에서 바로 도출되는 결론이기 때문이다.

그리고 근로계약의 본질이나 임금의 법적 성격으로 보아도 동일한 결론이 도출된다. 임금2분설이 근로자보호라는 점에서 높이 평가할만한 견해이기는 하나 이는 근본적으로 임금 기타 보수청구권의 발생 기초와 그 원인을 구별하지 않고 있다는 비난을 면하기 힘들다. 어떤 기업에서 일하게 된다는 것은 임금 기타 보수를 청구할 가능성(추상적 권능)을 근로자에게 부여할 뿐이고 정작 임금 청구권이 발생하는 것은 근로자가 실제로 근로를 제공하고 사용자가 이를 수령하였을 때(혹은 근로자의 노동력이 완전히 사용자의 업무지시권 아래 귀속되었을 때)뿐인 것이다. 말하자면 최소한 노동력 사용의 가능성은 있어야 하는 것이다.[10] 다시 말하자면 임금2분설이 주장하는 바인 노동과는 관계 없이 지급된다고 하는 가족수당이나 주택수당 등과 같은 생활보장적 부분도 근로자의 노동력 제공을 전제로 하여 주어지는 것이기 때문에 이러한 것들도 결국 노동의 대상으로서의 임금의 성격을 지니는 것이라 할 수밖에 없을 것이다. 즉, 단지 근로관계를 유지하는데 대한 보상은 아니다.

물론 근로기준법 제 19조 2항 및 동 시행령 제 31조의 "통상임

10) 本多淳亮, 앞의 책, 507쪽.

금"의 관념, 행정예규(통상임금 산정지침. 노동부예규 제 150호. 1988.1.14.) 등에 비추어 보장적임금의 존재를 인정할 수 있다는 견해[11)]가 일면의 타당성을 가짐을 부인할 수는 없다. 그러나 각종 수당의 형식으로 지급하는 것은 복잡하고 다양한 임금체계 내지 임금지급형태에 관한 문제이지 임금의 이중적 성질을 기초로 하여 보장임금으로 귀속시킬 수 있는 실질적 근거가 되는 것은 아니다.

만약 보장적 임금부분으로 귀속시키는 각종 수당이 근로의 대상이 아니라고 한다면 근로기준법 제18조의 임금의 정의 규정은 잘못 내려진 것이라고 해석할 수밖에 없다. 그러나 여타 규정들과의 체계적 연관성에 비추어 이 부분도 역시 근로의 대상으로서의 임금이라는 속성을 갖는 것으로 해석함이 보다 올바른 태도라 여겨진다. 그리고 임금2분설을 주장하는 근본적인 이유가 파업기간 동안에도 근로자의 최저한의 생활을 보장하려는 데 있음은 누구나 그 취지를 헤아릴 수 있겠으나 과연 동 학설을 통해서 얼마나 근로자를 보호할 수 있는지는 의문이며 — 보장적 부분은 임금전체에서 극히 미미한 비율을 점할 뿐임 — 이는 임금의 체계적인 해석에 혼선만을 불러일으킨다고 볼 때 임금은 노동력의 댓가라는 단일의 성격으로 이해해야 할 것이고 파업기간 중에는 사용자의 임금 지급의무가 완전히 정지된다고 정리해두어야 할 것이다.

다만 예외적으로 파업 중의 임금지급이 인정되는 경우가 있기는 하다. 그 첫째는 사용자가 파업종료후 임의로 파업참가근로

11) 김유성, "쟁의기간중의 임금(상)", 인권과 정의(대한변호사협회지) 152호, 1989, 65쪽.

자에게 파업기간중의 임금의 전부 또는 일부를 지급하는 경우인데 이를 법적으로 제한할 이유는 없다.[12] 우리나라의 실정을 보면 생산장려금의 명목으로 임금 상당액을 지급하는 경우가 적지 않은데 이에 대해 법이 간섭할 바는 아니라고 본다. 다만 이 때 사용자로부터 지급받는 임금은 은혜적인 성질의 것이므로 법상의 임금이라 보기는 어렵다.

둘째는 노사간의 단체교섭을 통해 파업기간중의 임금지급을 인정할 여지가 있다고 본다. 이에 대해서는 노사간 대등성 원칙에 비추어 이는 교섭사항이 아니고 단체협약을 체결할 수 없다는 입장도 유력하나[13] 파업기간중의 임금지급문제는 사용자의 임금위험부담원칙의 임의성(Dispositivitat)이 인정되는 분야라는 이유로 긍정하는 견해가 합당하리라고 본다. 파업기간중의 임금지급문제는 근로조건에 직결되지는 않을지라도 근로자의 '근로생활'을 영위하는 데 중요한 문제가 될 수 있고 또 이는 사용자가 처리할 수도 있는 문제이기 때문에 교섭대상이 된다고 해석한다.

세번째는 파업이 사용자의 불성실한 단체교섭이나 그의 귀책사유에서 발생한 경우를 들 수 있다. 즉 파업의 원인을 사용자가 제공(도발)한 때는 파업이 근로자측의 정당방위의 성격을 띠기 때문에 그 기간 동안 사용자가 임금을 지급함이 합리적이라고 여겨진다.[14]

---

12) 임종률, "파업기간중 임금지급에 대한 대법 판결", 노동법학 제6호, 1996, 15쪽.

13) 하경효, "파업참가근로자에 대한 쟁의기간중의 임금지급문제", 한국노사발전연구원 노사관계 제1권 2호, 1990, 15쪽.

14) 다만 파업은 이익분쟁에 한해 인정된다는 입장에 서면 권리침해에 항의하는 파업은 정당성을 인정하기 어렵고, 따라서 임금도 지급되지 않

결국 계약해석설은 임금지급의무를 부정하는 틀에서 출발하면서 사용자의 의사를 중시하자는 입장이라고 이해한다. 다만, 이 판결에서 다수의견과 소수의견이 나누이는 것은 그 의사를 어떻게 해석하느냐 하는 데 있다. 소위 계약해석설에서 얘기하듯이 파업과 결근을 같이 볼 것인가가 관건이 된다. 소수의견은 이를 긍정하나 다수의견은 이를 부인한다. 노무의 부제공이라는 외형은 같으나 그 내실에는 차이가 있으므로 다수의견이 타당하다 하겠다.

는 결과로 된다.